教養として知っておきたい

博物館の世界

京都国立博物館 副館長
栗原祐司

誠文堂新光社

京都国立博物館

重厚で宮殿のようなたたずまい。1895年竣工の明治古都館・正門。▶p 195

selection 1 # 外観も見惚れるアート

歴史ある建築物から現代アートとしての建築物まで博物館そのものの姿も様々。外観からまずは楽しもう。

写真提供：角川武蔵野ミュージアム

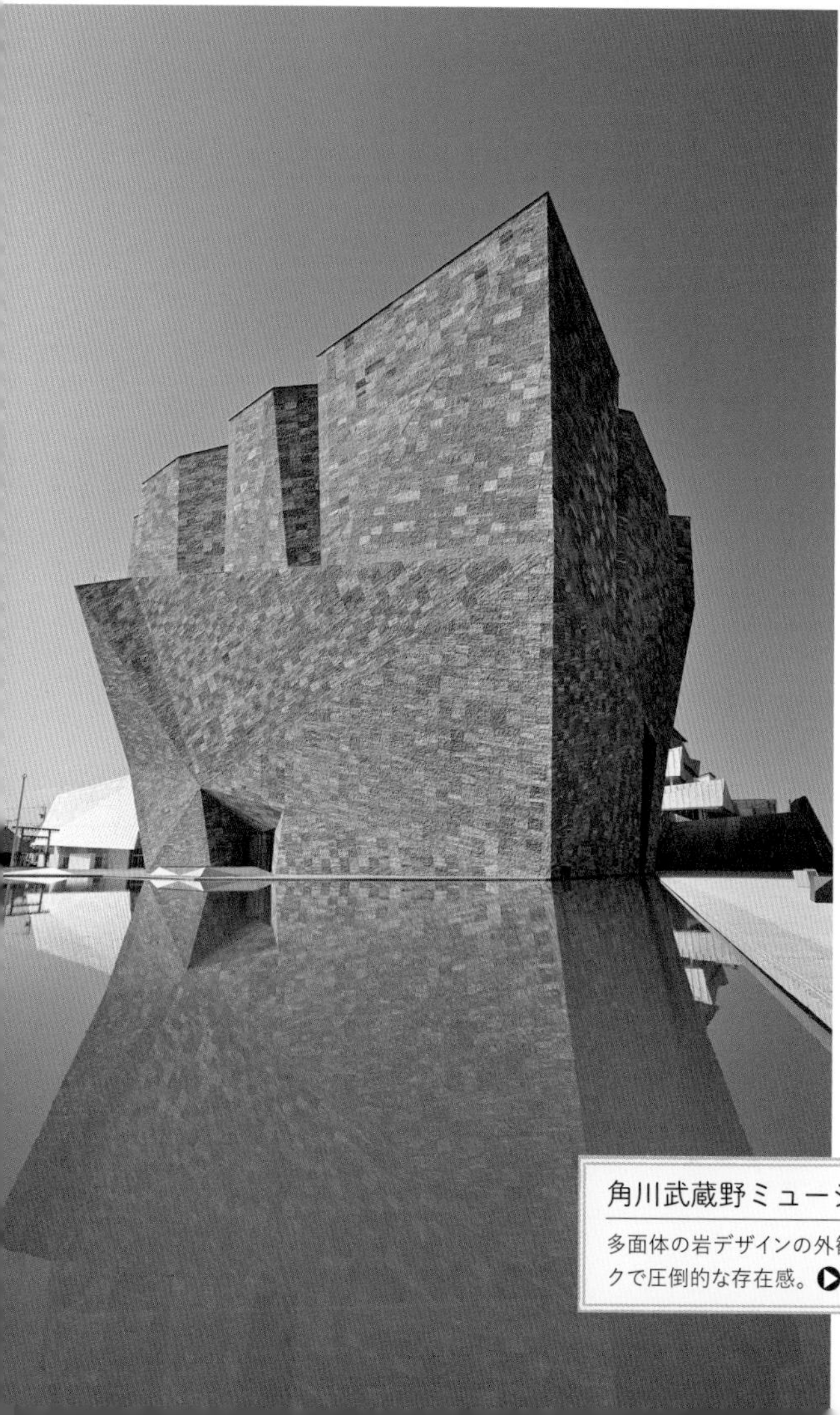

角川武蔵野ミュージアム

多面体の岩デザインの外観はダイナミックで圧倒的な存在感。▶p 236

昭和のくらし博物館

昭和26年築の東京郊外の庶民住宅を家財道具とともに丸ごと公開。▶p 240

selection 2

展示室が心なごむ「和」

かつては個人宅だったレトロな風情漂う日本家屋や町屋を活かした展示室。和の空間で心落ち着くひとときを。

ボーダレス・アートミュージアム NO－MA

滋賀県近江八幡にある昭和初期の町屋をリノベーション。▶p 260

日本ハワイ移民資料館

築100年近い立派な古民家を活かした和洋折衷の展示空間。▶p 276

selection 3 風景も夜景も鑑賞スポット

風光明媚な場所にある博物館では、夜景や夕暮れの景色も鑑賞対象になる。時間に余裕があれば、周辺の景色も楽しもう。

福井県年縞博物館

眼前に広がる三方湖が美しい。夕暮れは館内の光が幻想的だ。▶p 248

南阿蘇ルナ天文台

南阿蘇の草原で星空に癒やされるひととき。星空ツアーあり。▶p 288

戦没画学生慰霊美術館
無言館

戦没した画学生たちの遺作を一堂に鑑賞できるのはここだけ。p 252

大塚国際美術館

陶板で原寸大に再現した世界名画1000余点を鑑賞できる美術館。▶p 280

selection 4 特別な絵画に出会う

ここでしか出会えない絵画というものがある。そういう絵画だけを求めて出かける旅もおすすめだ。

selection
5

歴史と対峙できる空間

戦争、戦後、人権、公害そして震災など様々な記憶をたどる博物館。歴史との対峙は自分を見つめることにつながる。

沖縄市戦後文化資料展示館 ヒストリート

戦後、アメリカの統治下にあった沖縄の歴史と文化をたどる。▶p 296

中越メモリアル回廊

2004年の中越大震災。その記憶を忘れないための施設を巡る。▶p 244

水平社博物館

平和と人権の確立のための水平社運動の原点がここに。▶p 268

知覧特攻平和会館

戦闘機で敵艦に体当たりした特攻隊員から平和を学ぶ。▶p 292

ストーンミュージアム博石館

全長350メートルの迷路。石壁には謎の絵や模様が！ p 256

selection 6 体験という“おまけ付き”

実際に体を動かし、五感を刺激しながら楽しめる博物館も全国各地にある。家族＆カップルにおすすめだ。

写真提供:国立アイヌ民族博物館

国立アイヌ民族博物館

「探究展示 テンパテンパ」でアイヌ文化を身近に体験。▶p 220

群馬県立ぐんま昆虫の森

フィールドでの昆虫観察の他、養蚕体験もできる。▶p 232

日本玩具博物館

個人が国内外の玩具約9万点蒐集して開館した玩具博物館。▶p 272

天領日田洋酒博物館

世界中の洋酒が揃う。オーナーが約40年かけてコレクションした。▶p 284

selection 7
蒐集の圧巻を楽しむ

博物館の魅力はなんといっても一つのカテゴリーに特化した蒐集力。圧巻の空間に身を置くことで新たな発見もありそうだ。

横手市増田まんが美術館

貴重なマンガ原画をここまで集めた美術館としては随一。▶p 228

selection
8

作家の世界観に浸る

日本には約500館の先達の記念館がある。大半はゆかりの地にある。作家の軌跡をたどりつつ作品の世界観を味わおう。

河井寛次郎記念館

陶工・河井寛次郎の住まい兼仕事場。家具や調度類も寛次郎のデザイン。
▶p 264

写真提供：三沢市寺山修司記念館

三沢市寺山修司記念館

多くの足跡を残した寺山修司らしい表現での展示が見事。▶p 224

はじめに

筆者の肩書きは、京都国立博物館副館長である。なんだかえらそうな、そんなイメージを持つ方も多いと思う。以前は文化庁の役人だったので、もっとえらそうに感じられたかもしれない。実はひと皮むけば、ただの〝ミュージアムフリーク〟である。要は〝博物館オタク〟だ。オタクも窮めれば、専門家になる。実際、筆者は、国内6300館以上、海外も含めれば、1万館以上のあらゆる館種の博物館を訪問しており、それだけでも十分、専門家だろう。

さて、博物館は、上は天文、下は地理、森羅万象ありとあらゆるものを対象とする。

日本では、博物館を社会教育施設として位置づけることが多いが、そもそも博物館を単なるハコモノと位置づけることは時代遅れとなっている。今や現代アートはハコから飛び出し、各地域に存在する文化や自然資源全体を博物館とみなす考え方もあり、無形文化遺産や景観なども博物館を構成する要素となっている。それらを調査研究するとともに必要な資料を収集・保存し、その成果を展示して教育普及を行うのが博物館なのである。

博物館は、時代とともにその概念や役割が変化してきており、かつてはお上の宝物や珍品をありがたく見せていただく場であったのが、今では市民が自らのコレクションを公開する場となり、その解釈も学芸員や研究者が権威性をもって示すのではなく、来館者とともに議論する場となっている。

不要なものや時代遅れのものをしまっておく場所と捉えられることもあったが、やがて博物館のコレクションを展示公開することを収益の対象とみなすようにもなり、近年では多様な社会問題を解決する役割を果たすことが国際的な潮流となっている。

一般的には、博物館に展示されている優品を見に行くことが博物館活動だと考えることが多く、発展途上国においてはまさに観光資源とみなされることもある。しかし、それは博物館の持つ多様な機能の一側面に過ぎない。それだけを博物館の役割だと考えていては、それこそ教養を疑われる。

新型コロナウイルスの感染が拡大する直前の2019年9月、京都でICOM（国際博物館会議）京都大会を開催し、世界中から4600人もの博物館関係者が参加して、まさに様々な観点から博物館の現代社会において求められる役割などについて議論を行ったが、未だその議論は続いている。インバウンドの側面から大会参加者が多かったことだけを喜んでいるようでは、ＩＣＯＭ大会を開催した意義はないだろう。むしろ、欧米主導で議論されてきた博物館に対する考え方を積極的に吸収し、日本及びアジアの博物館の在り方を多くの関係者が議論する絶好の好機であったと考えたい。

本書は、そうした観点から、一般的な教養として現代社会における日本の博物館の役割について考えていただくことを目的に、筆者のやや個人的な視点を含め述べたものである。

ただし、博物館の機能は極めて多様であり、その専門性も多岐にわたる。もとより筆者は、博物館の運営に携わったのは、東京及び京都国立博物館の２館にとどまるため、本書で紹介する内容もやや偏っていることをお詫びしておく。

本書を通じて、今まで知らなかった博物館の世界に触れていただき、身近な博物館の常設展や小さな個人博物館などを訪れる楽しみを知っていただけるようになれば、筆者の望外の喜びとするところである。

〈目次〉

第3章 「展示」を知って鑑賞する

第4章　上級者のための「観る技術」

第5章 京都国立博物館のひみつ

第6章 厳選！ ニッポンの行くべき博物館20

※本書に掲載の博物館について、営業状況、休館日、営業時間など掲載内容と異なる場合がございます。事前に最新情報のご確認をお願いいたします。

第1章

博物館についての基礎知識

その1

そもそも博物館とは何かを知ろう

博物館とは何か。この問いに学問的に答えるには、この本1冊分を費やさなければならないが、本書は専門書ではないので、ここではシンプルに以下のように説明しておこう。

博物館とは、資料を収集、保管、展示し、調査研究及び教育普及を行う機関である。

博物館の定義については国によって多少異なり、後述するように、ICOM（国際博物館会議）でも近年議論がなされている。しかし、この「収集、保管、展示、調査研究及び教育普及」という5つのキーワードは、国際的にも否定されることはない最も基本的かつ普遍的な博物館の機能であると思う。

博物館の専門家ではない人たちが、一般的に博物館といって思い浮かべるのは、展覧会などの「展示」機能だ。しかし、それだけでなく、背後には収集、保管、調査研究機能がある。そして「保管」には、「保存」や「修理」という機能が含まれる。

なお、本書ではしばしば「蒐集」という漢字が登場する。「収集」と同じ意味だが、主に個人コレクターの収集にかける情熱を強く打ち出したい場合は、戦前まで使われていた、「鬼」が含まれる「蒐集」の方が雰囲気も出るので、筆者はこちらを使わせていただく。

学芸員の調査研究の成果が「展示」

博物館の「展示」はただそこに並べて置かれているのではなく、何らかのストーリーがある。時代別・用途別であったり、作者別・流派別であったりと様々だが、そうした分類は、まさに調査研究の成果によって得られたものだ。

本来、博物館は、調査研究の成果を展示することが求められているのであって、単に珍しいものや美しいものを陳列する場ではない。必ずそこに何らかの意図が働いているのだ。そして、まさにそこに学芸員の存在価値があるといってもいい。

ただ、財政的な事情によって学芸員がいなかったり、非常勤のところもあったりするのが実情だ。それでも地元の郷土史家やボランティアなどが学芸員としての役割を果たしているところも多い。コレクターであり、オーナーでもある館長自身の情熱によって運営している個人博物館もある。筆者はそういう館に出会うと胸が熱くなって、なんとか支援の手を差し伸べられないものかと思ってしまうのである。

現代において博物館の主役は来館者

歴史をさかのぼれば、かつて博物館は王侯貴族や寺社のコレクションを一般市民に見せてあげるものであった。現代ではむしろ来館者が主役である。博物館は一方的な価値観を押し付けるのではなく、未知なるものに出会い、驚き、感動し、そこから議論が始まる場所であるという考え方が一般的になってきている。美術史家のダンカン・キャメロンは、１９７４年にこれを「テンプルとしてのミュージアム」から「フォーラムとしてのミュージアム」と表現した。

博物館で展示されている資料も、決して価値が定まったものではない。恐竜の展示形態が、水平に延ばした姿勢に変わるなど、研究の進展によって展示内容も変わってきていることを考えれば、理解できるだろう。そういう多視点から博物館を考えるようにしたい。

その2

絶対知っておきたい博物館法

博物館法によって定義された博物館

日本には「博物館法」という法律があり、同法第2条では、博物館について次のような定義がなされている。

この法律において「博物館」とは、「歴史、芸術、民俗、産業、自然科学等に関する資料を収集し、保管（育成を含む。以下同じ）し、展示して教育的配慮の下に一般公衆の利用に供し、その教養、調査研究、レクリエーション等に資するために必要な事業を行い、あわせてこれらの資料に関する調査研究をすることを目的とする機関（以下略）」としている。

後半部分まで引用すると混乱するだけなので、まずは前半だけ見てみよう。

「資料」には歴史、芸術、民俗、産業、自然科学などが含まれ、博物館法には「美術館」「科学館」というような館種ごとの名称は出てこない。

そもそも博物館法は、日本にまだ200館程度の博物館しかなかった1951年に、補助金や税制優遇措置などを設けることによって博物館の整備充実を促進するために制定された法律だ。設置者も地方公共団体、一般社団法人もしくは一般財団法人、宗教法人に限定し、その対象範囲が絞られている。

ここではあえて省略した第2条後半で規定しているのは設置者要件だ。博物館法が制定される前年の1950年に文化財保護法が制定されたことにより、国立博物館（当時は、東京、京都、奈良の3館のみで、国立美術館は設置されていない）は文化財保護委員会（文化庁の前身）の附属機関となった。そのため、博物館法の対象から外れてしまっている。2001年の独立行政法人化後も同様だ。

博物館は社会教育施設でもある

もう一つ博物館法で大事なことは、法令上、博物館は「社会教育施設」であることだ。このことは、教育基本法にも明記されている。

２０１８年10月、博物館法は文部科学省から文化庁に移管されたが、法律上の位置づけは変わっていない。したがって、現代の博物館は様々な機能、役割が期待されてはいるものの、法令上は「社会教育施設」であること、つまり、公益に資することが求められていることは押さえておきたい。

博物館法では、博物館は補助金や税制優遇措置などの対象となる「登録博物館」と、これに準ずる「博物館相当施設」の2つの位置づけがなされている。ただ、実際は、平成30年（２０１８年）度文部科学省実施の「社会教育調査」では、５７３８館のうち、登録博物館はわずか９１４館（15・９パーセント）、博物館相当施設は３７２館（６・５パーセント）で、残りの４４５２館（77・６パーセント）は、博物館法対象外の「博物館類似施設」となっている。

登録博物館制度の形骸化が指摘されているのは、この数字を見てもわかると思う。

２０２１年６月現在、文化審議会博物館部会で博物館法改正に向けた議論が進められている。博物館法の抜本的な改正こそ、筆者がライフワークとして取り組んでいることなのである。

その3

博物館と資料館の違いを把握する

博物館法では、「博物館」について名称制限を設けていない。そのため、法の設置要件を満たさなくても、誰でも「博物館」などの名称を名乗れることになっている。したがって、本書では、博物館法に準じつつも、少し広い定義で、博物館を考えていきたい。

設置者の判断で「博物館」名は決められる

「博物館」はそのコレクションや専門性によって、資料館、史料館、郷土館、歴史館、考古館、記念館、文化館、美術館、科学館、動物園、水族館、植物園、動植物園、昆虫館、プラネタリウム、文学館、展示館などなど、様々な呼び方がなされている。法的には特に規制はなく、設置者の判断ということになっている。

大きい施設が「博物館」、小さい施設が「資料館」という傾向もあるが、これも法的根拠はない。ただし、登録博物館となったのを機に「博物館」と改称する例は多い。中国でも特に法的根拠はないが、改増築を機に「博物院」と改称する例は多い。俗説だが、文部省系は「博物館」、文化庁は「資料館」といわれることもある。これは文部省が公立社会教育施設整備費補助金（1997年度限りで廃止）、文化庁が歴史民俗資料館建設費補助金（1993年度限りで廃止）を行っていたためで、いずれも補助金交付に際して名称を限定していない。

博物館の英訳が「Museum」であることは論をまたないが、美術館は「Museum of Art」や「Art Museum」など様々で、特に決まっていない。設置条例や定款で定める正式名称は、あくまで日本語で規定されるため、英訳は結構曖昧に決めてしまっていることも多い。そもそも英語名称を定めていない施設もある。ただ、英語名称のほうが実態を表している場合もあるのは面白い。

「国立新美術館」（東京都港区）は、コレクションを持たない施設であることから、英語名称は「The National Art Center, Tokyo」となっている。さすがに国立施設は、英語名称を決めるにあたってかなり議論したようだ。ちなみに「国立国際美術館」（大阪府大阪市）は、「National International Museum」ではなく、「The National Museum of Art, Osaka」である。

その4

実はたくさんある国立博物館

日本に228館ある国立博物館

日本には、228館もの国立博物館がある（平成30年度　文部科学省「社会教育調査」）。こう聞くと、おそらく「日本にそんなに国立博物館ってあったっけ?」という疑問が湧くに違いない。一般に「国立博物館」といえば、東京・上野にある「東京国立博物館」「国立科学博物館」、東京・六本木の「国立新美術館」などを連想する方が多いのではないだろうか。

上記の国立博物館などは、かつては国（直近では文部科学省または文化庁）の一機関であったが、2001年の独立行政法人化によって、現在は国立文化財機構（4館）、国立美術館（6館）、そして国立科学博物館（1館）の3法人に所属する館となっている。

他に「国立」を名乗っている例として、「国立歴史民俗博物館」（千葉県佐倉市）、「国立民族学博物館」（大阪府吹田市）があるが、これらは大学共同利用機関法人人間文化研究機構の一組織である。また、「国立近現代建築資料館」（東京都文京区）と2020年に開館した「国立アイヌ民族博物館」（北海道・白老町）は、文化庁直轄の組織で、後者は公益財団法人アイヌ民族文化財団が運営している。

文化庁以外に国が直営している博物館は、158施設ある。大きなところでは、宮内庁の「三の丸尚蔵館」（東京都千代田区）、気象庁の「気象科学館」（東京都港区）、海上保安庁の「海洋情報資料館」（東京都江東区）、国土交通省国土地理院の「地図と測量の科学館」（茨城県つくば市）などがある。

数が多いのは防衛省所管の博物館で、全国の自衛隊駐屯地・基地・分屯地などに約90の史料館や広報施設が設置されている。全国各地の駐屯地にある史料館などは、事前予約または一般公開の機会に見学することができる。

次に多いのが、環境省が国立公園などに設置しているビジターセンターで全国に60施設以上ある。名称は「ビジターセンター」だが、博物館機能を有している。この他、国土交通省の地方整備局が設置している道路や河川などの博物館も多い。

その5

ＩＣＯＭは世界的博物館の専門組織

本書ではたびたびＩＣＯＭについて言及している。ＩＣＯＭとは、世界各国の博物館関係者で構成される国際博物館会議（The International Council of Museums）のことで、世界の博物館の進歩発展を目的とする唯一にして最大の世界的な博物館の専門組織である。ＩＣＯＭはフランス語では「イコム」と読み、日本でも長らくそう呼んでいたが、近年は英語読みの「アイコム」が主流になってきたため、日本でも「アイコム」と呼ぶことに統一した。

２０１９年9月、ＩＣＯＭ京都大会が開催され、日本の博物館界にとってエポックメイキングな年となった。ぜひこの機会にＩＣＯＭについて知っておいてほしい。

１９４６年に創設されたＩＣＯＭは、ユネスコと公式の協力関係にある非政府団体（ＮＧＯ）であり、国連の経済社会委員会の顧問としての役割を果たしている。２０２１年4月現在、加盟国は１４１の国・地域に4万人以上の会員を持ち、本部はパリに置かれている。

ＩＣＯＭの会員は加盟各国ごとで構成する国別の国内委員会（National Commitees）と、専門分野別の国際委員会（International Commitees）に所属することができ、現在、32の国際委員会がそれぞれ独自の活動を展開している。

各委員会はほぼ毎年、年次総会や研究会、ワークショップなどを世界各地で開催している。３年に１度、これらの委員会が一堂に会するのがＩＣＯＭ大会だ。アジアでは２００４年に韓国・ソウル、２０１０年に中国・上海、そして２０１９年に京都で開催された。日本にいながらにして世界中の博物館関係者と議論できた意義は、極めて大きかった。日本の博物館の国際的なネットワークは、一気に広がったといっていいだろう。

大会史上最多の人数が参加した京都大会

ＩＣＯＭ日本委員会の発足は、博物館法が制定された１９５１年で、２０２１年に70周年を迎えた。初めて参加した１９５３年の第3回ジェノバ及びミラノ大会は、わずか３人のみの参加だったが、現在ＩＣＯＭ日本委員会の会員数は５００人を超えている。ただ、アジア諸国では最多だが、ドイツは約６３００人、フランスは約５３００人と、ヨーロッパ諸国とは一けた違う。

もっとも、ＩＣＯＭ京都大会には、１２０の国と地域から大会史上最多となる４５９０人が参加し、日本からの参加者も過去最多の１８６６人を数えた。また、日本から１００人以上が講演や発表を行ったことは、我が国の博物館史に刻まれる快挙だろう。ＩＣＯＭの議論はともすれば欧米主体になりがちであるため、今後、日本をはじめアジア諸国がどれだけＩＣＯＭコミュニティにおいてイニシアティブを発揮できるか世界中が注目しているといっていい。

一方、ＩＣＯＭ京都大会では、ＩＣＯＭ規約に定める「Museum」定義の改正が行われる予定だったが、長時間にわたる議論の末、採決は延期された。現在も引き続き検討中であり、今やＩＣＯＭの最重要課題となっている。日本の参加者は、世界中の博物館専門家が定義に関して長時間にわたって真剣に議論しているのを目の当たりにし、衝撃を受けたに違いない。そこには文化や価値観の多様性があり、まさに博物館関係者に求められる多視点性が垣間見られたのである。

次のＩＣＯＭ大会は、２０２２年8月にチェコ・プラハで開催予定である。京都大会が一過性のものとならないよう、今後も引き続き日本の博物館界において、国際的に遜色のない議論の展開が求められる。

その6

新博物館学とは一つの考え方である

これからの博物館に大事な考え方「新博物館学」

一般的な博物館の定義は、「その1　そもそも博物館とは何かを知ろう」でお伝えしたとおりだ。それではなぜ、ICOMは博物館の定義を見直そうとしているのだろうか。このことは、1970年代以降、欧米を中心に展開されてきた「新博物館学（New Museology）」の議論が大きな影響を及ぼしていると思われる。1989年に『新博物館学（The New Museology）』を著したイギリスの美術史学者ピーター・ヴァーゴは、従来の博物館学は、過度に実施方法を重視し、目的を過小評価していると指摘し、社会における博物館の役割が完全に再検討されない限り、博物館は「生きた化石（living fossils）」の存在でしかないと述べている。また、ほとんどの展示制作者は、来館者のことを考えていない、と述べており、従来の権威主義的な博物館を批判した。「新博物館学」は、学問ではなく一つの考え方である。簡単にいえば、博物館という場の精神を広げ、社会における博物館の役割を変えていこうとする考え方で、「フォーラムとしてのミュージアム」や、エコミュージアム（ecomuseum）の概念も、ほぼ同じ時代に現れた具体的な実践方法である。エコミュージアムは、フランス語のエコミュゼ（écomusée）の英訳で、1970年代にフランスの博物館学者でICOMの理事でもあったジョルジュ・アンリ・リヴィエールらによって考案され、ICOMのネットワークを通じて日本にも紹介された。

彼らによれば、エコミュージアムの考え方は、基本的にその時間と空間は壁の中に限定せず、「ヒト」を中心とし、地域社会の一つの表現であるなど、伝統的な博物館の考え方とは大きく異なる。そういう意味では、各地で様々な展開を遂げたのも当然の話で、日本では1987年に新井重三氏によって「生活・環境博物館」という訳語で紹介された。地域の文化遺産や自然遺産を現地において保存し、地域社会の発展に寄与するための活動として捉えられることが多い。実際、2016年のICOMミラノ大会では、エコミュージアムは常に進化する概念であり、標準的な唯一の定義づけは不可能であることや、持続可能な社会、環境、経済の発展を促進する参加型プロセスであることなどを宣言した。多様であることこそが、エコミュージアムの特色なのだ。

現代社会の課題に博物館も関与すべき

話をもとに戻そう。ＩＣＯＭが「Museum」定義を見直そうとしたのは、「博物館が世界規模で活動を行う際に、多様な世界観や慣習などに敬意と配慮を持つべき」であり、「地球規模、国内、地域、地方レベルでの権力と富に関わる、根深い社会の不平等や非対称という存在を、危惧の念を持って認識される」ためであった。当時のＩＣＯＭ会長は、「地球市民として次世代に対して問題を解決することができる役割を博物館定義に与えることが使命である」と述べていた。すなわち、現代社会が抱える様々な課題——多文化共生、移民、ジェンダー、ＬＧＢＴＱ、貧困、犯罪、戦争や紛争、環境破壊や気候変動など——に、博物館は積極的に関与していくべきだ、というもので、こうした考え方は、既に新博物館学において議論されてきたものであった。

しかしながら、ＩＣＯＭ京都大会では結論が出ず、現在新たな検討メンバーで議論が続けられている。博物館は森羅万象、あらゆるものを対象とするがゆえに、議論も一筋縄ではいかない。これもまたＩＣＯＭが文化の多様性を尊重しているからである。政治的意図で議論が空転するよりは、よほど民主的かつ建設的なプロセスであると考えるが、いかがだろうか。

column

博物館で靴を脱ぐ？

博物館では、靴のままで入館するのが一般的だが、中にはスリッパに履き替えたり、裸足で入館するところもある。最近は少なくなったが、邸宅博物館では、靴にカバーを付けて入室するところもある。

現代の博物館で靴を脱ぐのは、大きく４つの理由があると考えられる。１つは、旧王宮や寺院などを活用している博物館で、かつて裸足で入室していた文化や習慣を踏襲している場合だ。これはアジア圏に多い。姫路城の天守群などで靴を脱ぐのもその一例だろう。２つ目は、土足によって持ち込まれる土や虫害から文化財を守るため。桜が散る春や落ち葉のシーズンは、清掃が大変なのである。３つ目は、快適な鑑賞環境を守るため。京博でもよくハイヒールの音がうるさいので注意してほしいという苦情が寄せられる。そして４つ目に、秋野不矩《あきのふく》美術館（静岡県浜松市）のような“こだわり”だ。建築家の藤森照信氏は、「秋野の作品の持つ汚れのなさに土足は似合わない」と考え、土足厳禁としたそうだ。

第2章

博物館の「運営」を知る

その7

公立博物館の運営は多様だ

公立博物館も地方独立行政法人化

法令上、博物館というのは「社会教育施設」である。そのため、公立博物館は原則、教育委員会の所管となっている。しかし、法律の改正によって今は必ずしも教育委員会所管でなくてもよくなった。博物館が、観光やまちづくり、環境、社会福祉など、様々な行政の施策対象に位置づけられるようになったということだ。いや、以前から様々な部局が博物館を設置していたので、ようやく法令が現状に追いついたともいえる。

注意しなければいけないのは、博物館は単なる展示・公開施設ではないということだ。展示の方に注力するあまり、調査研究や保存、修理、教育普及面が疎かにならないか、短期間で結果（利益）を出そうとするあまり、長期的な視野での調査研究や保存、修理などが軽視されないかといった懸念事項は少なくない。また、公立博物館といっても、今や役所が直営しているところはそれほど多くない。

２００３年９月から「指定管理者制度」が導入され、株式会社や一般法人、ＮＰＯ法人なども管理できるようになった。その結果、公立博物館の運営は、役所の直営か、指定管理かの二者択一を迫られた。平成30年（２０１８年）度「社会教育調査」（文部科学省）では、公立博物館のうち、指定管理者制度を導入しているのは30・２パーセントとなっている。制度導入から20年近くが経過し、指定管理から直営に戻したり、契約期間を長期間にしたり、あるいは学芸員は直営にしたりと、様々な運用上の工夫を行う自治体が増えてきている。郵便局も２００７年の民営化によって、サービスがよくなったと感じた人は多いと思うが、公立博物館も指定管理者制度の導入によって、来館者サービスが向上したところもある。一方で、入館料が上がったり、学芸員が減って研究の質が落ちたというようなマイナス面の意見も少なくない。身近な公立施設が、指定管理者制度の導入によってどのように運営が変わったか、納税者としてはしっかりチェックしたいものだ。

もう一つ、地方独立行政法人化という方法もある。２０１９年４月、大阪市が初めて市内５館で構成する「地方独立行政法人大阪市博物館機構」を発足させ、さらに2021年4月から、「天王寺動物園「(大阪府大阪市) も地方独立行政法人立の動物園第1号となった。全国の博物館関係者が大阪市の地方独立行政法人による博物館運営を注目している。

指定管理者制度は、公の施設の設置は当該自治体が行い、その管理を一定の法人などに委ねるものだが、地方独立行政法人制度では当該施設を自治体から分離して移管する。施設の設置や管理は自らが行う地方独立行政法人の方が、より柔軟かつ効率的な運営が可能だ。ただし、これも単なる経費削減や整理合理化のみを目的とするものであれば、本末転倒になる。最後は設置者である地方自治体の判断ということになるが、博物館は単なる展示場ではないということは忘れてはならないだろう。

公立博物館がＰＦＩを導入するメリット

地方独立行政法人大阪市博物館機構には、2022年2月、新たに「大阪中之島美術館」(大阪府大阪市)が開館する。同館は、ＰＦＩ法に定める「公共施設等運営事業(コンセッション)方式」を導入することが決まっている。

ＰＦＩとは、Private Finance Initiativeの略称で、公共施設などの建設、維持管理、運営などを民間の資金、経営能力及び技術的能力を活用して行う手法だ。一般にＰＦＩでは、事業を実施する企業（複数企業の場合が多い）が特定目的会社を設立し、事業を発注する公共側と事業契約を結ぶ。その事業類型は様々だが、すでに「神奈川県立近代美術館葉山館」（神奈川県・葉山町）、「仙台市天文台」（宮城県仙台市）、「新江ノ島水族館」（神奈川県藤沢市）、「弘前れんが倉庫美術館」（青森県弘前市）などが導入している。

公立博物館施設にＰＦＩを導入するメリットは、設計から建設、運営に至る全部または一部を一体的に扱うことで、事業コストの削減が可能となること。デメリットは、倒産など事業者側のリスク負担が指定管理者制度よりも大きいことで、営利本位になること。研究、保存・修理機能など、収益性のない分野の軽視の懸念は指定管理者制度と同様だ。こうした博物館経営に対する様々な民間活力の導入に関するリテラシーが、博物館関係者に不足しているという課題もある。

さらに、２０１１年６月にＰＦＩ法が改正され、施設の所有権を公共主体が有したまま、施設の運営権を民間事業者に設定する「コンセッション方式」を導入することが可能になった。大阪中之島美術館は、「公共施設等運営権」を与えられ、公立とはいえＰＦＩ事業者によって運営されることになる。ただし、コレクションの購入には貴重な市民の税金が使われている。多くの来館者が集まれば、経済波及効果も大きいと思われるが、来館者増を求めて貸会場的な展示の頻度が高まれば、博物館活動の質の低下を招くことになる。公立博物館への「コンセッション方式」の導入は、〝民営化〟とどう違うのか、ぜひ注視していきたい。

様々な団体・組織が博物館を運営

地方公共団体には様々な形態があり、一般会計とは切り離された特別会計での独立採算制を採る「地方公営企業」が設置する博物館もある。各地にある水道記念館やガスの科学館などがそれにあたる。また、複数の地方公共団体や特別区が、行政サービスの一部を共同で行うために設置する組織を「一部事務組合」という。例えば、山梨県にある「釈迦堂遺跡博物館」は同県笛吹市及び甲州市で組織する一部事務組合が釈迦堂遺跡博物館組合教育委員会を設置し、管理運営をしている。

地方公共団体が法人格を認めた特別地方公共団体の一つに「財産区」がある。「神戸深江生活文化史料館」（兵庫県神戸市）は、神戸市深江財産区が設置、運営している。大きな地方公共団体の場合、こうした地元に根差した設置者による運営の方がむしろ効率的といえる。

その8

私立博物館の設置者を把握せよ

私立博物館の設置者については、大きく企業などの営利法人と、財団法人や社団法人などの非営利法人、宗教法人、そして個人に分けることができる。私立博物館においてもその運営は極めて多様だ。

企業博物館の別法人化は基本的に税対策

企業直営の博物館だからといってすべてが営利目的というわけではない。企業のCSR（社会的責任）やメセナ活動の一環である例も多い。例えば、愛知県長久手市にある「トヨタ博物館」は、トヨタの車だけを展示しているわけではない。「世界のクルマの進化と文化をたどる博物館」をテーマにした国内屈指の自動車博物館となっている。驚くべきことにトヨタグループはこれ以外にも4つの博物館を設置している。そのうちの一つは、創業者の個人記念館「豊田佐吉記念館」（静岡県湖西市）だ。

企業の博物館には創業者などが蒐集した貴重なコレクションの保存、もしくは企業史などの資料を後世に伝えることを目的に、別途法人を設立しているところが多い。実は法人税や相続税対策だったりもするのだが、それも運営方法の一つであろう。

「法人」は特性や目的によって「課税される法人」と「課税されない法人」に大別される。課税される法人が「普通法人」で、株式会社や有限会社、合資会社などが含まれる。農業協同組合や生活協同組合も課税対象となるが、税率は普通法人より軽減されている（農協や生協が設置した博物館もある）。

課税されないのは「公益法人」で、営利ではなく、あくまで学術、技芸、祭祀、宗教、慈善など公益のみを目的としているため、原則として法人税は非課税となる。社団法人、財団法人、宗教法人、学校法人、社会福祉法人などがこれに当たる。博物館の場合、社団法人または財団法人であることが多く、寺社にある宝物館などは宗教法人、私立大学の博物館などは学校法人が設置者ということになる。

ただ、公益法人でも収益事業を行って利益が生じた場合は、課税対象となる。収益事業とは法人税法で34の事業が規定されており、物品販売業、不動産販売業、金銭貸付業、物品貸付業、不動産貸付業、製造業などが該当する。公益法人の博物館でもミュージアムショップやレストランを必要以上に大きくすると、その収益が課税対象となる場合もある。

博物館の存続は課税対象か否かが重要

社団法人と財団法人の違いをおおざっぱにいうと、社団法人は一定の目的のもとに集まった「人」から成り立っているのに対し、財団法人は一定の目的のもとに拠出された「財産」の集まりで、企業や個人の財産を運用し、活用することを目的としていると考えればいい。新公益法人制度となった2013年以降は、一般社団・財団法人で国または都道府県から公益認定を受けたものが公益社団・財団法人となり、様々な税制優遇措置を受けられることになっている。

例えば、私立博物館の土地や建物は基本的に固定資産税の課税対象だ。だが、公益社団法人、公益財団法人、もしくは宗教法人が設置する登録博物館は非課税となっており、特に土地代が高く、膨大な固定資産税が発生する都心部の博物館にとっては、大きなメリットとなっている。

また、日本の相続税は税率が高いため、何も対策をしなければ、3代で財産がなくなるといわれるほど批判が多い。現存する最古の公家住宅の「冷泉家住宅」（京都府京都市）は、「公益財団法人冷泉家時雨亭文庫」として運営を行っているが、法人化以前は相続税や固定資産税の取り立てが厳しく、税務署の職員が土足で家に上がりこみ「税金が払えないなら、家を売れ」といわれるほどだったそうだ。

一般に①日常礼拝をしている墓地・墓石や仏壇、仏具　②国または地方公共団体や公益を目的とする事業を行う特定の法人に寄付したもの　③寺社の境内地など公益目的の事業に使用されることが明確なもの、は非課税財産とされており、博物館には②の寄付財産としてコレクションが寄贈される場合が多い。相続・遺贈により取得した財産を公益社団・財団法人または特定の条件を満たした一般社団・財団法人に贈与した場合には、贈与者に相続税が課税されないからだ。

法人設立時に個人から所有権を移した美術品などの基本財産は、相続税の課税対象とはならないため、高額な作品を所有する作家やその遺族は、法人を設立し、美術館として公開することが多い。前衛芸術家・草間彌生氏が一般財団法人草間彌生記念芸術財団を設立し、２０１７年に「草間彌生美術館」（東京都新宿区）を開館したのも相続税対策だったといわれている。

公益法人制度改革によって閉館した博物館

新公益法人制度の施行に伴い、全国に約2万4000もあった社団・財団法人のうち、3500以上が解散・合併したといわれている。私立博物館の中にも設置者である財団が解散し、地元の自治体などが運営を継続している例が多い。

「海音寺潮五郎記念館」（東京都世田谷区）は、運営団体「財団法人海音寺潮五郎記念館」が2012年12月に解散すると同時に閉館した。海音寺が暮らしていた記念館の建物は鹿児島大学に、蔵書や直筆原稿等などは「鹿児島県立図書館」、「かごしま近代文学館」（いずれも鹿児島県鹿児島市）に寄贈されている。

「棟方板画館」（神奈川県鎌倉市）は、棟方志功の鎌倉山アトリエ跡を「財団法人棟方板画館」が美術館として運営していたが、2012年9月に解散と同時に閉館し、「棟方志功記念館」（青森県青森市）が吸収合併。収蔵品は移管、建物は売却された。

宗教法人の博物館については、第4章「その36　寺社拝観は『特別公開』を狙え」を参照してほしい。

その9

大企業が母体の博物館は見逃せない！

私立美術館の代表格といえば、三井、三菱、住友といった旧財閥系の美術館だ。一般的に大企業の創業者などが蒐集したコレクションは、法人税や相続税の関係もあって、財団法人を設立して運営していることが多い。ここではそれらの大企業が母体となっている財団運営の美術館を見ていくとしよう。なんといっても財力が違う。当主や総裁の個人コレクションも宝の山だ。現在も企業グループからの出向社員などが事務局を務め、コレクションを大切に守り、今に伝えている。

京都発祥の三井系には独自の風情がある

三井グループには「三井記念美術館」（東京都中央区）がある。１９６５年、旧財閥三井家が所蔵する膨大な社会経済史料を保存するため、三井グループ各社の資金提供によって「財団法人（現在は公益財団法人）三井文庫」（東京都中野区）を設立。そして1985年に三井家伝来の文化財を保存公開するための施設として「三井文庫別館」を開設した。三井高陽《たかはる》（南家第10代目当主）が蒐集した世界有数の切手コレクションは郵趣関係者の間では有名で、筆者も学生時代に見学に行ったことがある。

三井文庫本館は、現在も史料館として社会経済史・経営史の研究を行い、三井家に関する古文書などを中心に保存公開（完全予約制）している。別館は、2005年10月に東京都中央区日本橋室町の三井本館（重要文化財）7階に移転し、「三井記念美術館」と改称したが、引き続き公益財団法人三井文庫が運営している。

三井家は、本家にあたる総領家を含め11家に分かれているが、三井記念美術館には、主に北家（総領家）、新町家、室町家伝来の文化財約4000点が収蔵されている。有名な文化財としては、北家（総領家）第11代目当主三井八郎右衛門（高公《たかきみ》）から寄贈された円山応挙「雪松図屏風」、「短刀　無銘正宗　名物日向正宗」及び「短刀　無銘貞宗　名物徳善院貞宗」、藤原定家筆「熊野御幸記」、室町家伝来品の「志野茶碗　銘卯花墻《うのはながき》」などがある。いずれも国宝だ。

三井本館の建物も、昭和初期の日本を代表する重厚な洋風建築だ。館内にはかつて三井家が所有していた国宝茶室「如庵」（愛知県犬山市）も再現されており、都心にありながら雅な空間を楽しむことができる。

ちなみに、三井家の本拠地は明治になるまでは京都だった。江戸・日本橋は出先に過ぎなかったのである。実際、京都・室町二条には「三井越後屋京本店記念庭園」（非公開）が残されており、三井不動産が管理している。

2016年から一般公開となった、京都・下鴨神社近くの「旧三井家下鴨別邸」（重要文化財）は、大正時代に造営された建物で、三井家の先祖を祀る祖霊社参拝の際の休憩所として使われたものだ。豪商・三井家の美意識を感じることができる貴重な空間だ。

三井といえば、三井物産の創業者で、茶人としても著名な益田孝（鈍翁）を語らないわけにはいかない。彼が蒐集した数々の名品の多くは他の手に渡ってしまって、残念ながら、益田コレクションのような美術館は存在しない。『幻の五大美術館と明治の実業家たち』（中野明著　祥伝社新書）では、益田孝を含め、実業家の蒐集をルーツとする美術館が他にも5つは存在した可能性を述べており、非常に興味深い。

三菱系は博物館の随所に歴史が光る

三菱グループには、「静嘉堂文庫美術館」（東京都世田谷区）があり、日本及び東洋の古典籍や、古美術品を所蔵している。運営は公益財団法人静嘉堂で、三菱財閥の第2代総帥岩崎彌之助と、第4代総帥岩崎小彌太父子の所有した約20万冊の古典籍と約6500点の東洋古美術品コレクション、そして庭園をもとにして1940年に発足した。「静嘉堂」は彌之助の堂号である。所蔵品の中でもとりわけ「曜変天目茶碗」や「倭漢朗詠抄」（いずれも国宝）が有名だ。

1924年に建てられた文庫の建物は、イギリスの郊外住宅のスタイルを表現した瀟洒なたたずまいとなっている。庭園にある岩崎家の納骨堂は、英国人建築家ジョサイア・コンドルの設計だ。なお展示ギャラリーは、2022年に「明治生命館」（東京都千代田区）に移転する予定だが、美術品の保管、静嘉堂文庫の業務部門と庭園の管理部門はそのまま現地に残るそうだ。

三菱系の私立図書館であった「東洋文庫」（東京都文京区）の存在も大きい。第3代総師岩崎久彌が1924年に財団法人として設立した東洋学分野での日本最古・最大の研究図書館であり、世界五大東洋学研究図書館の一つに数えられている。1948年に国立国会図書館の支部図書館となり、1970年に再び三菱グループ経営の私立図書館となっている。1977年から附属の展示室を設けて文庫収蔵の美術品の公開を開始し、2011年10月に東洋文庫ミュージアムを併設した新本館がオープンした。所蔵総数は約100万点(5件の国宝と7件の重要文化財を含む)で国内最長の展示ケースの中には世界各国の言葉で書かれた貴重な書物が並んでいる。岩崎久彌が当時中華民国の総統府顧問を務めていたモリソン博士から買い上げた中国に関する書籍・文献等のコレクションである「モリソン書庫」は、日本一美しい本棚といわれており、実に見応えがある。

もう一つ、「三菱一号館美術館」(東京都千代田区)がある。岩﨑家の納骨堂同様、ジョサイア・コンドルによって設計された洋風事務所建築で1894年に建てられた。老朽化のため、1968年にいったん解体されたものの、40年余りの時を経て、2010年、同じ地によみがえった。再建にあたっては、コンドルの原設計に基づき、明治期の設計図や解体時の実測図を精査。階段部の手すりの石材など部材を一部建物内部から再利用したり、意匠や部材だけではなく、製造方法や建築技術まで忠実に再現するなど様々な実験的取り組みを行った。

三菱一号館美術館では、19世紀の近代美術を中心としたコレクションを所蔵し、企画展は年間3~4回開催している。なお同館は法人化せず、三菱地所が運営している。

東京・湯島には一般公開している「三菱史料館」がある。展示室入口では岩﨑彌太郎像が出迎えてくれる。同館は三菱の歴史に関する史料を蒐集・保存・公開するとともに、三菱及び日本の産業発展史の調査・研究を行う三菱経済研究所の附属施設だ。もとをたどれば、1922年に岩﨑小彌太が三菱合資会社に資料課を設置したのがはじまりで、1932年に三菱経済研究所が設立され、1996年に同館が設立された。

住友系は東洋美術に強い

住友グループには「泉屋博古館」(京都府京都市)がある。東洋美術が中心の美術館である。1960年に住友家の美術コレクション、特に中国古代青銅器を保存・公開する機関として財団法人泉屋博古館が設立された。名前の由来は、江戸時代の住友家の屋号「泉屋」と、中国の宋時代に皇帝の命により編集された青銅器図録「博古図録」にある。2002年には、愛媛県新居浜市にある別子銅山の開坑300年記念事業の一環として、東京・六本木に泉屋博古館の分館として、「泉屋博古館東京」が開館した。

泉屋博古館の収蔵品は、住友家第15代目当主住友友純《ともいと》(春翠)が蒐集した中国古代青銅器や鏡鑑、書画、文房具と、その長男の住友寛一が蒐集した中国明清代の絵画、第16代目当主住友吉左衛門が蒐集した洋画などのコレクションが中心である。所蔵総数は国宝2件、重要文化財13件を含む約3500点を誇る。

泉屋博古館は明治・大正を生きた住友第15代目当主が別荘を構えた京都・東山の麓にあたる鹿ケ谷にある。隣接して庭師・11代目小川治兵衛が作庭した「住友有芳園」もある（通常は非公開）。

泉屋博古館の隣に「住友史料館」があり、住友グループ各社共通の歴史に関する研究・編纂を行っている。1887年に大阪で住友家史編纂を開始し、戦後も住友グループの共同事業として継承され、1985年に資料館が現在地に建設された。近世史料約3万点、近代史料約6万点を収蔵しており、学術的な調査研究を目的とする者のみが利用できる（事前予約制）。

まだまだある！　大企業の博物館

四大財閥には、もう一つ安田グループがあるが、初代安田善次郎の寄贈によって東京大学の安田講堂や安田記念公園（富山県富山市）などに名を残すものの、美術コレクションなどはない。善本・稀覯本の蔵書家としても知られた長男の第2代目安田善次郎が蒐集したコレクションは、東京・本所横網町の安田家本邸の「松廼舎《まつのや》文庫」にあったが、関東大震災で焼失した。東京・平河町の旧安田邸内の仮書庫にあった「安田文庫」にも保存されていたが、そちらは東京大空襲で焼失した。

この他、財閥や事業者が創設した美術館には、以下のようなものがある。それぞれの美術館のコレクション形成の歴史や運営母体を調べてみれば、より一層美術鑑賞が興味深いものになる。

■まだまだある！　大企業の博物館

〈公益財団法人で運営〉	
アーティゾン美術館	ブリヂストン創業者・石橋正二郎
大倉集古館	大倉財閥設立者・大倉喜八郎
五島美術館	東急グループ創業者・五島慶太
出光美術館	出光興産創業者・出光佐三
根津美術館	東武鉄道社長・根津嘉一郎
山種美術館	山種証券創業者・山崎種二
大原美術館	倉敷紡績社長・大原孫三郎
逸翁美術館	阪急東宝グループ創業者・小林一三
藤田美術館	藤田組創始者・藤田傳三郎
野村美術館	野村グループ創業者・野村徳七
畠山記念館	荏原製作所創業者・畠山一清
太田記念美術館	東邦生命保険社長・太田清蔵
香雪美術館	朝日新聞社創業者・村山龍平
滴翠美術館	山口銀行頭取・山口吉郎兵衛
白鶴美術館	白鶴酒造7代目・嘉納治兵衛
サントリー美術館	サントリー社長・佐治敬三
アサヒビール大山崎山荘美術館	朝日麦酒（現アサヒビール）初代社長・山本爲三郎
〈一般社団法人で運営〉	
林原美術館	実業家・林原一郎
〈一般企業で運営〉	
DIC川村記念美術館	大日本インキ化学工業創業者・川村喜十郎

column

「負の遺産」について考える

博物館は、歴史的に王侯貴族や大名などの輝かしい歴史や寺社に伝わった文化遺産を公開することから始まったが、20世紀後半からいわゆる「負の遺産」を伝え、記憶する博物館が増加傾向にある。第6章で紹介する中越メモリアル回廊（災害に関する博物館）や、水平社博物館（人権に関する博物館）、そして知覧特攻平和会館（戦争に関する博物館）などがそうだ。この他、日本には公害やハンセン病に関する博物館なども多く設置されている。とりわけ、核兵器の恐怖や非人道性を伝える「広島平和記念資料館」（広島県広島市）や「長崎原爆資料館」（長崎県長崎市）は世界的に注目され、平和運動の象徴的な存在となっている。これらの博物館では、誰の視点で、どのようにストーリーを伝えるかが、しばしば議論となる。災害はともかく、戦争や公害、人権には、必ず加害者と被害者がいるからだ。戦争に関する展示は、同じ国内でも、本土と沖縄とではかなり異なる。これらの博物館では、多視点性が重要である。

その10

企業博物館は工場見学とセットで

企業博物館のコレクションは、企業史に関するものと、創業者などが蒐集した美術工芸品に関するものに大別できる。後者については前述のとおりだが、なんといっても企業博物館の醍醐味はその企業史コレクションにある。その企業のことを知るには、やはり工場見学をするのが一番だ。見学コースの中に過去の製品や広告などの展示コーナーが設けられているケースが多い。実は工場見学そのものが〝生きた〟企業博物館なのだ。最近は「大人の社会科見学」のような書籍も出版されるようになったが、ここでは特に筆者のおすすめを紹介したい。

首都圏の企業博物館を探検

まずは東京・葛飾にある「東京ペンシルラボ」だ。ここは鉛筆メーカー、北星鉛筆が開館した鉛筆資料館である。工場見学はもちろん、鉛筆の歴史や製造方法を知ることができる「えんぴつ資料館」や、鉛筆を作る工程で生まれるおがくずをリサイクルした木のねんど「もくねんさん」による作品を展示する「もくねんさん美術館」などを見学できる（事前予約制）。身近な文房具の鉛筆がどうやって作られるのか、あなたは説明できるだろうか？　ぜひ東京ペンシルラボで楽しみながら勉強してほしい。使わなくなった鉛筆は、鉛筆神社に奉納しよう。

小中学校の社会科見学で経験したことがあると思うが、食品や飲料メーカーの工場見学は、無料で食べたり飲んだりすることができる。さらに記念品をくれることもある。

シウマイで有名な崎陽軒の横浜工場（神奈川県横浜市）は、オリジナルの醤油入れ「ひょうちゃん」にまつわる展示があり、歴代の様々なひょうちゃんを見ることができる。また、できたてのシウマイを試食することもでき、記念品として陶器製のひょうちゃん醤油入れをもらえるのも嬉しい（事前予約制）。

国民的アイスといってもいい「ガリガリ君」を製造している赤城乳業の本庄千本さくら『5S』工場（埼玉県本庄市）は、日本最大規模を誇るアイス工場だ。見学コースのいたるところにガリガリ君が描かれている。エレベータにも登場するので見逃さないようにしたい。展示コーナーにはガリガリ君のノベルティグッズや歴代の製品パッケージがずらりと並ぶ。「ガリガリ君広場」

では、20分間好きなアイスが食べ放題だ。お腹をこわさないように気をつけよう（事前予約制）。

１９２５年に日本で初めてマヨネーズを製造・販売したキユーピーが運営する「マヨテラス」（東京都調布市）は製品を生産していないが、マヨネーズの原料や製造工程、配合事故防止システムが学べる工場体験施設になっている。キユーピーギャラリーではマヨネーズの歴史について学ぶことができ、見学の最後にオリジナルソースを作るのも楽しい。記念品は時期によって内容は異なるものの、オリジナルグッズがもらえる。ショップとカフェも併設されている。全国４カ所（茨城県、愛知県、兵庫県、佐賀県）のキユーピー工場でも随時、見学を受け付けている。本物の工場を見学したい人はそちらへ行こう（いずれも事前予約制）。

リカちゃんから貨幣まで

「リカちゃんキャッスル」（福島県・小野町）は、リカちゃん人形の展示施設兼製造工場だ。玩具メーカーのタカラ（現在はタカラトミー）の創業者で、隣接のいわき市三和町出身の佐藤安太氏が、リカちゃん生誕25周年に当たる１９９３年にオープンさせた。

もともとはダッコちゃんなどビニール製品を作っていた工場だが、１９６８年からリカちゃん人形の製造を開始。工場機能に加え、生産工程の見学ゾーンやカフェ、ショップ、ミュージアムなどを整備したことで、一躍小野町の観光拠点となった。リカちゃんは小野町の「町おこしプリンセス」に任命され、キャッスルの名誉館長は歴代の小野町長が務めている。

リカちゃんキャッスルでは、時代の流行とともに変貌する初代から4代目までのリカちゃんを眺めたり、かつてのCMを見ることができる。リカちゃん世代にとっては実に感慨深いものがある。リカちゃんの家系図にも新たな発見があるだろう。リカちゃんはフランス人とのハーフで、双子と三つ子の妹がおり、ボーイフレンドは6人もいた（いる？）のをご存知だろうか。

貨幣の製造や勲章・褒章及び金属工芸品などの製造などを行っている造幣局も、工場見学ができる。2003年度に国（大蔵省）の機関から独立行政法人となった。本局（大阪府大阪市）と支局（埼玉県さいたま市及び広島県広島市）があり、それぞれ博物館が設置されている。なかでも、さいたま支局は予約なしで自由に工場見学もできるのでおすすめだ（ただし、いずれも工場は土日祝は休み）。博物館の規模としては、大阪の「造幣博物館」が最も大きく歴史も古いのだが、「さいたま支局博物館」も負けてはいない。オリンピックのメダルや国民栄誉賞の楯、様々なプルーフ貨幣などを展示している。工場では貨幣の形に打ち抜かれた円形に、模様を2度打ち以上して研磨する様子や、完成品を一つひとつチェックする工程なども見学できる。

column

アメリカの博物館運営 1

筆者は、アメリカでも1600館以上を訪問しているが、日本の博物館との違いは何かと問われれば、間違いなく市民の博物館に対する愛着度だと答える。これは、例えばメトロポリタン美術館のような大型館を想像してしまうとわかりにくいが、どの町にもある「Historical Society Museum」のような小さな館を訪れればその差は歴然としている。

そもそも日本の博物館は、その多くが公立の郷土資料館や歴史民俗資料館などだ。最近は市町村合併や行政改革によって休館もしくは予約制となったところも多いが、これらの博物館の多くは、訪問してもパートのようなスタッフが施設の電気をつけたり、チケットを切ったりするだけで、展示の説明もない。しかし、アメリカの博物館の多くはＮＰＯが運営しており、正直、名品珍品があるわけではないが、ドーセント（ボランティアの案内人のこと）の方が、自分たちの町の歴史や文化を、実に誇らしげに説明してくれる。いかにその博物館が地元市民に愛されているのか、しみじみ感じさせられることが多い。

column

アメリカの博物館運営 2

この違いは、ひとえに移民が町を作ってきた歴史の反映だと思われる。また、NPOが運営する博物館は、寄付金によって賄われているのに対し、日本の公立博物館は税金によって賄われているという違いがある。それだけでも「私たちの博物館」という意識はかなり異なる。ただし、公立博物館であっても住民参画型の運営が実現すれば、地域社会に根差した博物館になるはずだ。

なお、筆者の実感として、日本では北海道に地域のNPOが運営する博物館が多くあるような気がする。自治体が設置している博物館でも、町内会や財産区、NPOが運営している博物館が多いのだ。例えば、「琴似屯田歴史館資料室」（北海道札幌市）は、琴似屯田兵の子孫たちで結成されたNPO法人琴似屯田子孫会のメンバーがボランティアで運営している。また、「つきさっぷ郷土資料館」（北海道札幌市）は、月寒地区町内会連合会が運営している。いずれも、地域住民によって支えられていることをひしひしと感じることができる。

その11

博物館の命名権（ネーミングライツ）をチェック

企業名を冠した博物館が増えてきた

最近、京都でも「ロームシアター京都」（京都会館）、「わかさスタジアム京都」（西京極野球場）など命名権を冠した公共施設が増えてきた。

命名権（ネーミングライツ：Naming Rights）とは、人間や事物、施設、キャラクターなどに対して命名することができる権利のことだ。１９７０年代にアメリカのプロスポーツ界で生まれた新しい広告概念で、１９８０年代以降、プロスポーツ施設を中心に市場が拡大し、現在では施設の建設・運営資金調達のための手法として定着している。最近では、施設への命名権のみならず、自社商品の納入権や特別席の利用権、チケット優先購入権など、様々な付帯的なメリットも含めて考えられている。日本では、1990年代後半からスポーツ、文化施設などの名称に企業名を付けることがビジネスとして確立しており、博物館にも導入され始めている。

ただ、最初に断っておきたいのは、命名権による名称は、あくまで対外的な「通称・愛称」であって、設置管理条例上の正式名称は変更していないケースがほとんどであるということだ。

公共施設へのネーミングライツ導入の課題としては、次の点が挙げられる。

・短期間で施設名が変わってしまう可能性がある。市民にとっては「わかりづらい」、「親しみにくい」、「コロコロ名前が変わると不便」という意見がある。
・「公の施設」の広告媒体化は、歴史ある施設の場合、市民感情を害する可能性がある。例えば、「芦屋市立美術博物館」（兵庫県芦屋市）や「横浜市歴史博物館」、「横浜開港資料館」（いずれも神奈川県横浜市）では市民が反対し、命名権導入を断念した。
・企業名ばかりが目立ってしまい、施設の場所や機能がわかりづらくなる。
・他企業の冠が付くイベントが実施しにくい。
・契約企業が不祥事を起こすリスクがある。

各地の命名権を導入した博物館

博物館の命名権導入事例をいくつか見ていこう。「広島市交通科学館」（広島県広島市）は、2015年6月から沼田自動車学校を運営する会社、アフィスと年間約124万円で契約し、「ヌマジ交通ミュージアム」と名前を変えて、更新して継続中だ。2018年度から指定管理者が、広島高速交通から公益財団法人広島市文化財団に代わっているが、命名権自体は広島市との契約なので、変更していない。

「横浜こども科学館」（神奈川県横浜市）は、2019年4月から横浜銀行と年間1700万円（5年）で契約し、「はまぎんこども宇宙科学館」という名で運営を継続中だ。

「京都市美術館」（京都府京都市）は京セラ株式会社と50年間で50億円という大型契約によって2020年5月から「京都市京セラ美術館」となっている。歴史ある京都市美術館に企業名を冠することについて、市民からの反対運動も展開されたが、美術館の再整備費約100億円の半分を捻出しなければならないという事情もあり、命名権の導入は既定路線だったのだろう。

大学が命名権を取得した例もある。アニメーション学科のある東京工芸大学は、東京都杉並区の区立施設「杉並アニメーションミュージアム」の命名権を2018年9月から2023年8月末までの5年間で2500万円で取得し、「東京工芸大学 杉並アニメーションミュージアム」という名前にすることによって大学の知名度向上につなげようとしている。

命名の仕方は様々だ。福岡ソフトバンクホークスの本拠地「福岡ヤフオク！ドーム」(「福岡ドーム」は命名権による名称で、2020年2月から「福岡PayPayドーム」へ改称された)内にあった「王貞治ベースボールミュージアム」は、球場のリニューアルに伴い、隣の商業ビルに移転し、2020年6月から大正製薬と契約(年間契約金非公表)し、「王貞治ベースボールミュージアム Supported by リポビタンD」という名称でリニューアルオープンしている。

なお、命名権継続を見送った事例もある。「栃木県子ども総合科学館」(栃木県宇都宮市)は、2008年4月に、北関東で住宅販売を手がけるグランディハウスと年間2000万円で契約を結び、「わくわくグランディ科学ランド」と称していたが、2014年度以降は、契約は更新されず、元の名称に戻っている。「千葉市花の美術館」(千葉県千葉市)も、2013年4月から印刷会社の三陽メディアと年間300万円で契約し、「三陽メディアフラワーミュージアム 千葉市花の美術館」と称し、3回更新したが、2021年4月1日より「千葉市花の美術館」に戻った。命名権の功罪は様々だが、地元や利用者にとって望ましい対応を期待したい。

column

「魂《たま》抜き」とは 1

京都国立博物館では、設立の経緯から（第5章参照）寺社の宝物を展示することが多い。それは館蔵品や寄託品だけでなく、特別展でも同様だ。２０２１年3～5月、「鑑真和上と戒律のあゆみ」展を開催し、国宝・鑑真和上坐像（唐招提寺）を展示した。これは、唐招提寺御影堂修理により実現したもので、ふだんは同寺で信仰の対象となっている。

日本国憲法には国や自治体は宗教と結びついてはならないとする政教分離の原則がある。しかし、これを徹底すれば、社会に広く浸透した祭事、慣習ができなくなり、文化財や私立学校を公的に支援できなくなる。そのため、緩やかにとらえているのが実態だ。国公立博物館で本来、宗教目的に作られた寺社の宝物を展示あるいは保存・修理することに関しては、当該文化財に歴史的・文化的な価値が認められているかどうかが重要な判断要素となる。とはいえ、仏像などをそのまま博物館や修理所に運ぶわけにはいかないため、通常は一定の儀式を行っている。

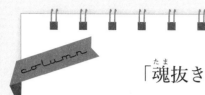

column

「魂《たま》抜き」とは 2

まず、輸送・運搬前には、魂を抜く撥遣《はっけん》法要（「魂《たま》抜き」あるいは「御霊抜き」ともいう）を行う。わかりやすくいえば、魂を抜いてしまえば、信仰の対象である“仏様”ではなく文化財または美術品としての仏像になるからだ。梱包・移動させてもバラバラにして修理しても問題ないというわけである。

展覧会開催中は、仏像に魂を込める開眼《かいげん》法要（供養）を行う場合と、魂《たま》抜きの状態のままの場合とがある。魂を入れた場合は、開館前に毎日のお勤めが必要となるが、当然、博物館内でお花や灯明のお供えはできないため、簡易なものとなる。仏像には何百年、何千年と魂が宿っていたわけだから、人間であるお坊さんが魂《たま》抜きをしてもしなくてもあまり関係ないとも考えられる。

寺社に戻す際にも同様のことを行っているが、担当学芸員としては、棄損することなく無事にお帰りいただくのが一番大事、というのが本心だろう。

その12

「と」に注目！

「と」には館の歴史が潜んでいる

かつて日本一長い駅名だった「ルイス・C.ティファニー庭園美術館前駅」（一畑電車）のもとになった美術館があった（島根県松江市）。博物館名はシンプルである方が覚えやすいし、案内するのにも便利だ。ところが様々な事情から、あえて接続詞の「と」や「&」をつけて少し長めの館名になった博物館も結構ある。ここではそのわけを覗いてみよう。

「たばこと塩の博物館」（東京都墨田区）は、〝三公社五現業〟といわれた公共企業体の一つだった日本専売公社が、たばこと塩などの製造・専売を行っていたことに由来する。1985年、同公社は、日本たばこ産業にたばこの独占製造権と塩の専売権を継承させて解散し、同博物館も日本たばこ産業に運営を継承された。

同様に「お札と切手の博物館」（東京都北区）は、独立行政法人国立印刷局が設置・運営しており、同局が紙幣と切手等の印刷を行っていることに由来する。1971年に大蔵省印刷局創立100年を記念して東京・市ケ谷の敷地内に開館した国立の施設だったが、印刷局の独法化に伴って独法立の博物館となった。その後、2010年の事業仕分けによって休館となり、翌年、国立印刷局王子工場に隣接する王子展示室に移転した。

意外な組み合わせの事情

岡山県岡山市の「遺跡&スポーツミュージアム」は、岡山県総合グラウンド内のシティライトスタジアム1階にある。スタジアム改修工事の際に発掘調査で出土した津島遺跡（国指定史跡）の出土品を中心とする考古資料と、岡山県出身の世界的なアスリートである人見絹枝、有森裕子両氏ゆかりの品々を展示していることから、「&」となったわけだ。

「埼玉県立歴史と民俗の博物館」（埼玉県さいたま市大宮区）は、よくある「歴史民俗博物館」でもよさそうだが、「歴史」「民俗」の間に「と」がわざわざ入っている。もともと「埼玉県立博物館」が現地にあり、当初は総合博物館だったが、埼玉県立近代美術館（さいたま市浦和区）の開館に伴い、1983年に歴史系博物館となった。その後、2005年に岩槻市がさいたま市に編入し、翌年、旧岩槻市にあった「埼玉県立民俗文化センター」と統合したという経緯があるために「と」のつく名称となった。

兵庫県北部の美方郡にある「香美町立ジオパークと海の文化館」の「と」も町村合併から始まっている。もともと同郡旧香住町には「香住町海の文化館」があった。2005年、同郡美方町、村岡町と、城崎郡香住町の合併で香美町が誕生したことに伴い、「香美町海の文化館」と改称。さらに香美町も含まれる「山陰海岸ジオパーク」がユネスコ支援の「世界ジオパークネットワーク」への加盟が認定されたのを受け、「香美町海の文化館」に山陰海岸ジオパークに関するビジターセンター機能を加えることとなった。そして、2014年、「香美町立ジオパークと海の文化館」としてリニューアルオープンとなったわけである。

「葛飾区郷土と天文の博物館」(東京都葛飾区)は、歴史学、民俗学、考古学、埋蔵文化財、文化財、天文学の6部門を持つ博物館だ。葛飾区教育委員会には郷土資料館とプラネタリウムという2つの異なった施設を建設する構想があったが、紆余曲折の末、2つの施設を1つにした博物館を建設することになった。それで「と」がついたのである。

似たような理由で「と」が館名に入っているのが北海道根室市の「根室市歴史と自然の資料館」

だ。貴重な歴史的建物である旧大湊海軍通信隊根室分遣所を活用して1990年に「根室市郷土資料保存センター」として開館し、その後、2004年に根室市博物館開設準備室と合併して「と」がついた。なお、同館には日本に唯一現存する国境標石「樺太日露国境第二天測標」がある。かつて日露戦争後のポーツマス条約で南樺太が日本領に割譲された際、北緯50度線に国境が引かれ、日露両国は4つの標石を設置したのである。ちなみに現存するもう1つの国境標石は、ロシアの「サハリン州郷土博物館」(旧樺太庁博物館)にある。筆者は観に行ったことがあるが、1937年に日本政府によって設置された当時のままの帝冠様式(東京国立博物館の本館のような和洋折衷の建築様式)の建物で、感動したものだ。

このように博物館の名前には、様々な歴史がある。訪ねた博物館名に「と」があったら、ぜひ館の由来を調べてみるといい。思いがけない歴史と出会えるはずだ。

その13

文化財のあるべき「場」を考える

数年前に、京都の鹿苑寺（金閣寺）で開催された「平和茶会」に参加したことがある。参加費は少々高かったが、その一部は東日本大震災復興や国連難民医療支援の活動のために寄付されるとのことで、約700人もの参加者があった。

参加者は2つの茶会と点心、そして金閣への昇殿が許された。濃茶席は客殿で行われ、亭主の有馬頼底猊下（臨済宗相国寺派管長、京都仏教会理事長）自ら、蒲生氏郷ゆかりの茶杓など貴重な茶道具を使ってのお手前で、一服の後、住職の方が茶器の裏の花押を見せるためにｉｐａｄを使って説明していたのが印象的だった。

薄茶席は大書院で行われ、床の間に「正木美術館」（大阪府・忠岡町）所蔵の一条兼良、瑞渓周鳳両人の賛が入った文清筆「湖山図」（重要文化財）が掛けられており、茶器なども室町時代のもの。室町時代のお茶室で当時の美術品に囲まれてお茶をいただくという贅沢で、美術館での鑑賞とは違った感動があった。絵画も本来であればこういう「場」において鑑賞するのが一番なのだろう。実際には貴重な文化財を後世に伝えるため、慎重でなければならないが、例えばデジタル複製の襖絵に囲まれた茶室よりは、現代画家によって描かれた襖絵の方が、趣があると考えるのは、穿った考え方なのだろうか。

この経験から、ある映画を思い出した。オルセー美術館が２００８年に開館20周年を記念して製作した『夏時間の庭』という作品である。イル・ド・フランス地方の瀟洒な邸宅の中で使われている美術品（オルセー美術館の館蔵品で、一部を除き実物を使用）は、家族の生活空間の中で光彩を放ち、家族の記憶そのもののように見えるが、やがてこの家を手放し、美術館に展示されたそれらは、数ある作品の一つとなり、もはやそうした記憶からは切り離されて輝きを失って見えるという内容である。

これはある意味、美術館の宿命へのアンチ・テーゼだと思われる。確かにふだんはお寺の本堂に安置されている霊験あらたかな仏像が、特別展などで博物館に貸し出され展示されたとたんに重厚さが失われたような思いをした方は少なくないであろう。そう考えると、博物館や美術館の館蔵品となった文化財や美術品であっても、その展示方法によって鑑賞者に与える印象はまったく異なるものになることを自覚しなければならない。時には文化財の保存の許される範囲内で本来あるべき「場」において「活用」することも重要ではないかと考えたりもする。

鹿児島県南さつま市にある「吉井淳二美術館」を見学した際にも、考えさせられることがあった。同館は、洋画家・吉井淳二氏（1904〜2004、文化勲章受章者、日本芸術院会員）の絵を中心に展示した小さな私立美術館だが、生活空間の中に観賞空間をつくる、ふつうの家で絵に親しむ、という考えのもとに、「絵との対話」を大切にした展示を行っている。

館内には、「美術館の様式というものは本来、サロンの形で生活空間の中に観賞空間をつくっていくものです。日本では明治以降大きな壁面の中にたくさんの作品を並べ、遠まきに観賞すると形式の美術館が普及しました。しかし、生活習慣の中で直接絵と対話し、美術を観賞する方法もあるということをここで感じていただきゆっくりおくつろぎ下されば嬉しく存じます」という、吉井氏の言葉が書かれている。

実際、入館無料の館内は、美術館というよりはふつうの家に絵が掛けられているという風情で、美術品を鑑賞する「場」としては実に快適だが、一方で美術館として作品の保存という観点からは、実に無防備に展示されているという気がしてしまう。しかし、これは作者本人の意思であり、博物館学的な立場から展示方法を強要するわけにはいかない。実際、公立よりも私立の美術館の方が、自由で寛いだ雰囲気で鑑賞できるところが多いのは、そういう理由によるのだろう。

その14

展示における ジェンダーにも注目してみる

東京オリンピック組織委員会においてジェンダー問題が話題になった。2021年、世界経済フォーラムによるジェンダーギャップ指数において日本は156カ国中120位で、G7中、断トツの最下位であった。近年、博物館においても国際的に「ジェンダーの主流化」が重要課題として掲げられ、ICOMにおいても議論がなされている。

イギリスのあるキュレーターによれば、勤めている自然史博物館の展示では、自然界では雌雄の数が1対1であるにも関わらず、哺乳類の剥製は雄のみの展示で70パーセントを占めていたという。また鳥類では66パーセントが雄で、雌雄が揃って展示されている場合も、74パーセントは雄が高い位置におり、ポーズも直立は82パーセントで、雄であったという。

日本の歴史に関する展示においては、例えば、中世の合戦図には男性の武士だけが描かれている。江戸時代の参勤交代の様子を描いたパネル展示にも、国もとにいて長期間家を維持し、家計を管理し、子どもを育てているはずの女性や奉公人は描かれていない。

縄文時代のジオラマ想像図などの復元展示においても、女性は料理など家事や土器づくりをしている様子が多く表現されるのに対して、男性はしばしば狩猟や漁撈の活動をしている様子が表現される傾向がある。母親が家で料理しているところに父親が狩りから帰ってくるシーンは特に人気があるそうだが、これは伝統的な日本社会の状況を反映しているようだ。

男性が狩猟、女性が採集と行った性別役割分業は、国立歴史民俗博物館の縄文時代の三内丸山遺跡の復元ジオラマにおいても以前は厳密に区別されていた。女性の植物採集シーンは時々表現されるが、狩りや漁をする様子はほとんど見られず、男性は屋内で作業をしている時ですら、漆製品の製作など経済活動としての仕事風景が描かれていた。岡山大学の松本直子教授は「特に日本における男性の家事にかける時間が極めて少ないことを考えると、こうした考古学的復元における傾向がどのように生まれ、それを見るものにどのような影響を与えるかについて、もっと真剣に考えるべきだ」と述べている。そのとおりだろう。資料のキャプションや効果的な強調、配置を通して、ジェンダー的な意味を与えるのはまさに学芸員である。ジェンダー問題に着目して展示を見ると、新たな発見があるだろう。

その15

博物館の資料は売却できないのか

収蔵品は手放さないのが常識

2018年8月、鳥取県・北栄町の「北条歴史民俗資料館」が所有する資料を「お別れ展示」の開催後に譲渡処分したことが全国の博物館関係者にショックを与えた。コレクションの譲渡・売却・廃棄は、博物館法には何の規定もないが、「博物館の設置及び運営上の望ましい基準」では、「博物館は、当該博物館が休止又は廃止となる場合には、その所蔵する博物館資料及び図書等を他の博物館に譲渡する等により、当該博物館資料及び図書等が適切に保管、活用されるよう努めるものとする」と規定されている。ICOMの職業倫理規程（Code of Ethics）には、より厳しい規定があり、一般に博物館関係者の間では、基本的には収蔵品は手放さないことが常識となっている。とりわけ、公立博物館の場合には、公有財産になるため、寄贈品であったとしても、財産処分するためには市民の理解も必要となる。

全国的に収蔵庫不足が大きな課題

もっとも私有財産であれば、その限りではない。私立美術館の場合には、展示効果のない、あるいは時代の変化に伴い収集方針が変わったコレクションの一部を売却して、新たな資料を購入することは行われている。ただし、やはりその場合でも、ＩＣＯＭの職業倫理規程では、「博物館の収蔵品からの資料および標本の放出と処分から受けた金銭もしくは報酬は、収蔵品のためのみ、および通常はその収蔵品への収集のためのみに用いなければならない」と規定している。

さて、冒頭の事例は、収蔵庫が不足しているために、有効活用できる人に譲渡するというものであった。もちろん、このような事態は既存の規定では想定していないとはいえ、実は収蔵庫不足は全国のほとんどの博物館が抱えている。イギリスでは、博物館資料を処分する基準が設けられているが、日本ではまだコレクションの処分に関する基準について十分な検討が行われていない。収蔵庫の確保とあわせてこうした議論が今後、行われることが期待される。

column

プラネタリウムで寝ていいの？

筆者は、全国各地のプラネタリウムを訪問しているが、残念ながらほぼ毎回、途中で寝てしまうことを告白しよう。プラネタリアンの生の声で解説を聴ける贅沢な機会であるにも関わらず、リクライニングシートに座って周囲が暗くなると、ついつい睡魔に襲われてしまうのだ。そのことについて罪悪感があったのだが、なんとプラネタリウムで堂々と寝てもいいイベントがある。毎年11月23日の勤労感謝の日を中心に、全国のプラネタリウムで開催している「全国一斉『熟睡プラ寝たリウム』」だ。このイベントの元祖である「明石市立天文科学館」（兵庫県明石市）では、筆者が参加した2016年のサブタイトルに「昨夜、あれだけ寝たのにプラネタリウムでまた寝ちゃう、プラネタリウムは別腹」を掲げ（素晴らしいネーミングだ！）、同日の全投影6回をすべて「熟睡プラ寝たリウム」とした。眠った方には「熟睡証明書」が、最後まで眠らなかった方にも「完徹証明書」が配布された。自分の枕の持ち込みも可能らしい。なんとも素敵なイベントではないか。

第3章

「展示」を知って鑑賞する

その16

常設展という言葉に騙されないで！

特別展だけ観て満足しない方がいい

博物館の展示には、一般に「常設展」と「特別展」（企画展）がある。館によっては別料金であったり、特別展の料金に常設展の観覧料が含まれていたりする。特別展は一定期間のみの開催で、テーマに合わせて他の博物館や寺社などから大事なお品を借用したり、特別なジオラマを造作したり、図録を制作・販売するなど、いろいろと手間暇がかかっているので、常設展は無料であっても特別展は有料であるケースが多い。

日本の場合、特別展は新聞社などマスコミが共催となることが多いため、どうしても特別展の方が大きく宣伝され、博物館へ足を運ぶ目的も特別展になる場合が多い。しかも、特別展は期間限定なので、会期末になると長蛇の列ができてしまうことも。コロナ禍に苛まれている時期であれば、予約制のところも多いので、長蛇の列はできない（できてはいけない）代わりに、うかうかしていていると予約チケット完売、もしくは予約終了になりかねない。

つい先日も、電車の中で某特別展を鑑賞した帰りと思しきマダム数人が、「来週は○○美術館で○○展、その次は△△博物館で△△展よ。早く予約しないといけないわね。昼前は結構すいているので狙い目よね。ホホホホ」などと話されていた。博物館関係者にとっては、こうしたリピーターのお客様は大変ありがたいのだが。

だがちょっと待ってほしい。そこのマダム、あなたは常設展をご覧になっていますか？　特別展のリピーターにとっては、それこそ常設展は「常に変わらない」展示であって、一度見れば十分かと思っているかもしれないが、実際にはそんなことはないのだ。

年間延べ300回の展示替えをする東京国立博物館

博物館に展示されている文化財や美術品は、後世に伝えなければいけない、重要な人類の財産である。ずーっと展示したままでは劣化が進んでしまう。そのため学芸員は、常に展示品のコンディションをチェックし、こまめに展示替えを行っている。

なぜなら、特に日本や東洋の美術品の多くは、紙や絹など素材が脆弱で、温度や湿度、光などの変化に大きく影響を受ける。展示期間に制限を設けなければ、我々の世代で途絶えさせてしまいかねないからである。絵巻物の例でいうと、ふだんは巻いたままの状態で保存されているため、広げてずっと展示すると張り詰めた状態になり、表面の顔料（絵の具）が剥落してしまう恐れがある。ゆえに国宝・重要文化財に指定されているものは、文化庁が定める基準があり、年間の展示公開期間を守らなければならないことになっている。歴史ある絵巻物は約6週間展示すると、その後、1年半は展示することができない。特に国宝・重要文化財に指定されているものは、文化庁が定める基準があり、年間の展示公開期間を守らなければならない。

筆者が知る限り、最もひんぱんに常設展の入れ替えを行っているのは東京・上野の「東京国立博物館」だ。同館では、「常設展」といわず、「総合文化展」（平常展）と呼んでいるが、そこでは、約3000件の文化財が展示されており、年間延べ300回の入れ替えを展示室単位で行っている。それによって年間約1万件の文化財の展示を実現しているので、来館者は訪れるたびに違う展示品を楽しむことができる。

展示品の入れ替えは、文化財のコンディションをチェックしながら、展示室全体のバランスやストーリー性を考慮しながら研究員がプロの目線で行っている。

現在、何が展示されているかは公式サイトから確認できるが、館内にさりげなく置いてある「東京国立博物館ニュース」には、今、総合文化展でどんな作品を展示しているかが書かれているので、来館の際はチェックしてほしい。また、「トーハクなび」という総合文化展の公式鑑賞ガイドアプリがあり、その時期の展示品の解説を、音声と文章で見聞できる。もちろん、これは広大な展示面積を有する東京国立博物館ならではのことだが、「江戸東京博物館」（東京都墨田区）の常設展示室なども月1回の頻度で、江戸ゾーン、東京ゾーンそれぞれの展示資料の入れ替えを行っている。常設展は一度見たからいいと思っているとあまりにもったいないのである。

レイアウトや照明は学芸員のセンスでマイナーチェンジ

同じ展示品であっても、訪問時期が少しずれるだけでレイアウトや照明、展示品の向きが微妙に変わっていたりする。例えば、絵巻物は、展示で紹介する場面（絵柄）を少しずつ変えるなどの工夫を行っている。次回訪れた時には、同じ絵巻物でも前に観たところとは違う絵柄のシーンを楽しめるわけだ。古文書や典籍も同様で、定期的に違うページを開いて展示している。いずれも光によって特定の絵柄やページが褪色してしまうのを防止するためである。

陶磁器や考古資料、民俗資料などは、比較的頑丈な材質の展示品がほとんどなので、展示替えはそこまでひんぱんではない。それでも学芸員の好みやセンスで時々変更している。

来館者からの意見や要望を受けて変更することもある。仏像はもともと信仰の対象でもあるので、照明のあて方によってお顔の印象が変わるとクレームがつくこともある。多くの館では、アンケート調査を行い、そうした要望にはできる限り応えるようにしている。

あまりあってほしくないが、どこかで地震が発生した場合、すぐに展示品に被害がなかったかを確認しつつ、改めて展示環境を確認し、什器の入れ替えや展示台の角度を変更したりすることもある。

「京都国立博物館」（京都府京都市）では、年に2〜3回開催する「特別展」は特別展料金だが、「特別企画」や「特集展示」になると平常展の料金である。これらは保存の関係でふだんは見られない収蔵品や他施設から借用したものを展示するものなので、規模は小さいが、希少価値はかなり高い。それだけにずいぶんお得だ。くれぐれも「特別」という言葉にも惑わされないようご用心！　とにかく博物館の「常設展」にもいろいろあるということはおわかりいただけたはずだ。早速、現地に足を運んでみよう。

その17

常設展で博物館のメッセージを読み解こう

中山間地域にある小さな郷土資料館もおすすめ

博物館の「常設展」にもいろいろあることがわかったら、早速現地へ足を運びたい。「その2　絶対知っておきたい博物館法」でもお伝えしたように日本には5738館もの博物館がある。あなたの住む市町村もしくは隣接地域にきっと博物館があるはずだ。

気をつけてほしいのは、博物館によっては常勤の学芸員がいなかったり、予約制であったりすること。しかも、中山間地域になると公民館や図書館、あるいは体育館や運動場といった文教施設とまとまって設置されているケースが多い。その場合、博物館は閉まっていることもあるが、そこで「閉館しているのか」とあきらめてはいけない。公民館や図書館にいる職員もしくはスタッフに声をかけて博物館の鍵を開けてもらおう。事前に電話予約すれば開けてくれるだろう。そういった場所にある郷土資料館なども、きっと何かしら新しい発見があるはずだ。昼休みの間は休館というところでもドンマイだ、ランチを食べて出直そう（写真2）。

メッセージボードにその館の思いがあふれている

公立の博物館は、必ずその地方公共団体の設置条例に則って設立されている。「市制施行○周年」のように周年行事にあわせて市史を編纂し、博物館を設置したりすることもある。あるいは、コレクターからの寄贈をきっかけに美術館を作ったり、その土地出身の有名人からの寄贈を受けて記念館を設立する場合と様々だ。館内のどこかに必ず設置にいたった経緯、きっかけがメッセージとして掲示されている。それらを読むのも常設展を楽しむコツだ。小規模の博物館だと予算の関係で、手作りボードに手描きメッセージであることも多い。それがまたそこはかとなく観る者の心を揺さぶる。

昭和の時代に開館した博物館の多くは、「社会教育施設」として設置されている。「社会教育施設」とは家庭や学校外で老若男女関係なく、生涯にわたって学習や研修などを楽しむための施設

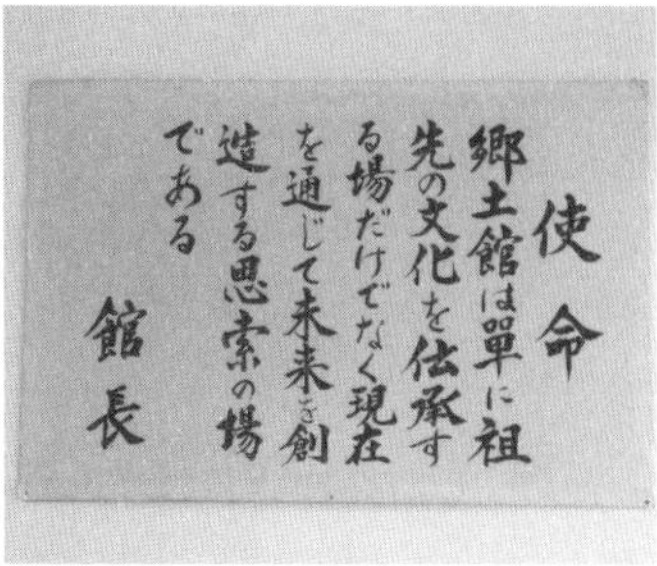

写真1
北海道岩内町郷土館の「使命」

写真2
昼休みが終わるのを待とう

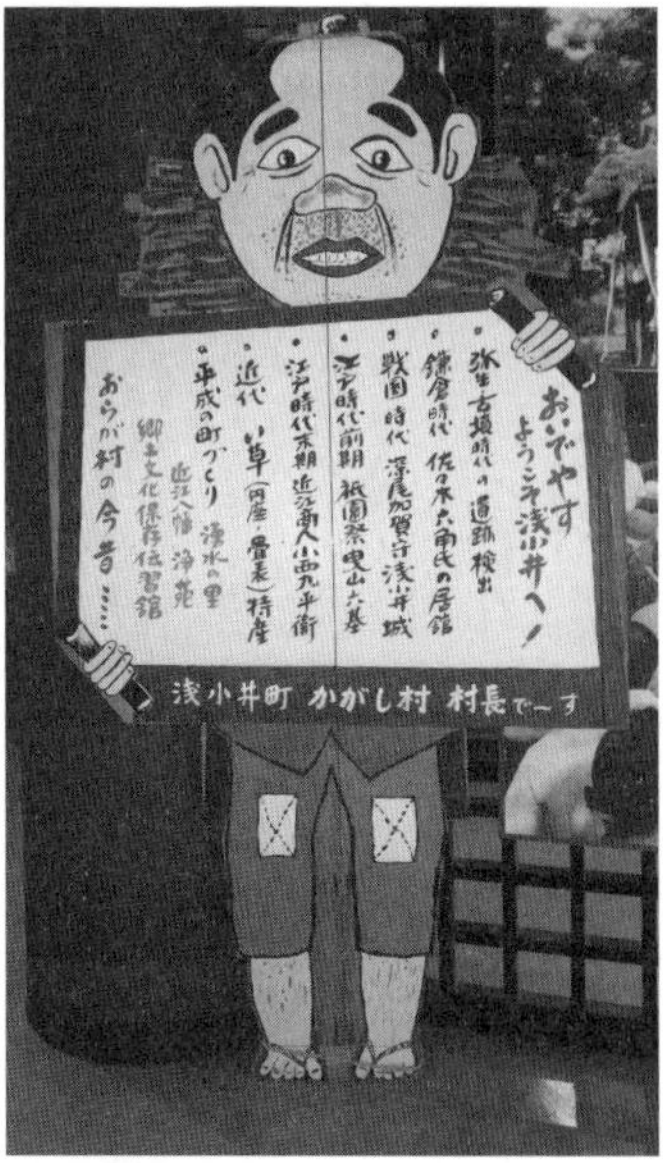

写真3
曳山とイ草の館

写真4
新潟市歴史博物館

だ。あくまで公共の場ということもあって、その設置の目的と意義を記したメッセージもややかたい文章で書かれていることが多いのだが、そのかたさが私は好きだ。例えば、北海道・岩内町の「岩内町郷土館」では、「使命」という言葉で始まり、「郷土館は単に祖先の文化を伝承するだけでなく現在を通じて未来を創造する思索の場である」と崇高な理念を掲げている（写真1）。

滋賀県近江八幡市浅小井町にある郷土文化保存伝習施設「曳山とイ草の館」を2007年頃、訪ねた時には、実に私好みの〝おじさん〟が迎えてくれた（写真3）。郷土文化保存伝習施設といった名称の施設は全国の山村部にいくつかある。農林漁業対策事業として農林水産省の補助金を得て設置されたもので、郷土資料館の役割を果たしているところがほとんどだ。館の設計から展示計画、建設、管理、運営すべてを自治会（伝習施設運営委員会）が行っている。それゆえ、どこも地元感たっぷりの博物館になっている。曳山とイ草の館は地域のまちづくりの拠点となっており、今でも毎年7月に開催される浅小井祇園まつり（曳山まつり）で巡行される6基の曳山とい草の栽培や畳表の制作道具が展示されている（2020年度から予約制）。

等身大の館長がメッセージボードをもって迎えてくれるのは、「新潟市歴史博物館みなとぴあ」（新潟県新潟市）だ。たとえ、ハリボテであってもエントランスにこういうメッセージがあると嬉しくなる。館のやる気と個性が感じられるからだ（写真4）。

その18

特別展が〝特別〟である理由も理解しよう

準備段階から特別感漂う「特別展」

公共機関や観光案内所などにズラリと置かれている博物館のチラシ、そして、掲示されているポスターのほとんどは「特別展」の案内だ。「オッ、こいつぁ面白そうな展覧会をやってるじゃねえか！　どこでやってるんだ？」とチラシを一瞥し、「そんなに遠いんだったら、行く暇も金もねぇなあ」とあきらめたり、「ここならいつでも行けるわね」とチラシを手にするものの、そのまま忘れてしまったり。そんな経験はないだろうか。しかし、「特別展」はまさに〝特別〟だからこそ価値があるのであって、時には時間とお金をかけてでも行く必要がある。「その16 常設展という言葉に騙されないで！」で触れたように、「常設展」は、基本的にその館の収蔵品を展示しているのに対し、「特別展」の多くは、一つのテーマのもとに他の博物館などから貴重な作品を借用し、期間を設定して展示する。

プロ野球でいえば、さながらオールスター戦のようなもので、ふだんは別のチームで活躍する一流選手が一堂に会するのだ。しかも、ふだんは公開していない資料を出展することもある。

大規模館では、たいてい新聞社などのマスコミが共催して特別展を企画する。集客数を増やすために、必ず〝目玉〟となる展示品を用意するのだ。時には一点豪華主義で、スペシャルの作品以外は大したことはないというケースもある。

それでも、門外不出の稀少作品をひと目でも観たいと多くの方が訪れ、博物館前に長蛇の列をなすことになる。それが海外の作品であれば、なおのこと価値が高い。

ちなみに国内有数の来館者数を誇る東京国立博物館の来館者数ナンバーワンは、1974年の「モナ・リザ展」の150万人、第2位が1965年の「ツタンカーメン展」で129万人である。残念ながらいまだこの記録は塗り替えられていない。博物館関係者にとっては「夢よ、もう一度」というところか。

日本で二度と観れない作品が揃う「特別展」

海外の美術館などの収蔵品が一堂に会す「特別展」は、わざわざ海外に行く必要もなく、解説も日本語となっているのでありがたい。何度も来日しているような名画は、そのうちまた来るだろうという予測がつくが、例えば、前述の「ツタンカーメン展」で〝目玉〟となった「黄金のマスク」や「玉座」などは、今やエジプト国外への持ち出し禁止となっている。

希少価値が高いのは、その美術館が改修時期に入った期間を利用して、特別来日した作品を集めた「特別展」の場合で、チャンスを逃すと日本で二度と見られないこともある。

１９９４年に国立西洋美術館で開催された「バーンズ・コレクション展」は、世界最高峰の個人コレクターである、アルバート・C・バーンズ氏が主に20世紀前半を通じて蒐集したフランス近代絵画の名作80点を展示した。実は、バーンズ氏のコレクションは遺言により、門外不出のはずだった。しかし、展示室の全面改修の基金集めのために、アメリカ・ワシントンのナショナル・ギャラリー、フランス・パリのオルセー美術館に続き、日本での開催が実現したのである。この時は１０７万人以上の入場者数を記録した。とはいえ、もう日本で彼のコレクション展を観ることができないかもしれない。何しろ遺言があるわけだから、よほどのことがなければ不可能な気がしている。

ちなみに、自慢するわけではないが、バーンズ・コレクションを所蔵するバーンズ財団の拠点がアメリカ・フィラデルフィアの中心部へ移転する前の、郊外ローワー・メリオンにあった頃、バーンズ氏の私邸を改修した旧館でコレクションを見学したことがある。予約制だったので館内は空いており、ゆったりと見学することができた。感動したのはその展示方法だった。作者別・年代別ではなく、家具や絵画以外の美術品、装飾品とともに、色彩や構成、形、バランスを考慮し、バーンズ氏ならではの美学に基づいて展示されていたのである。このオリジナリティーは他に類を見ないものであり、今でも私が最も好きな個人美術館の一つだ。

フィラデルフィア郊外から中心部への移転に際しては、「バーンズ氏の遺志を無視することになる」と反対運動も起こったそうだ。列をなして見学した国立西洋美術館の特別展は、確かにフィラデルフィアと同じ作品ではあったものの、現地で観た時とかなり印象が違っていた。

国内でも同じような経験がある。東北のある博物館が所蔵する土面があり、常設展示されていないので、いつか機会があれば観たいと思っていた。それが東京の博物館で出品展示されることになり、観ることができ、それはそれで嬉しかったのだが、内心はやや複雑だった。立派な展示ではあったのだが、東北の空気感、地方のにおいを感じることができなかったからである。

ただ、逆の場合もある。東京国立博物館で2009年に開催された「興福寺創建1300年記念 国宝 阿修羅展」では、ふだん阿修羅像が鎮座している奈良・興福寺では絶対に観ることができない角度から、計算された照明によって鮮明に観ることができた。そういった特別展ならではの魅力があるのも事実だ。

「特別展」の巡回先をまわるのも楽しい

最近の「特別展」は、単館で開催して終わりではなく、いくつかの博物館を巡回することが多い。東京で見逃しても旅費を惜しまなければ、他の都市で開催された同じ「特別展」を楽しめるのはありがたい。面白いのは、コンサートの観客の反応が各都市によって異なるように、同じ「特別展」でも開催都市の博物館の独自性が出ることだ。さながら好きなアーティストの〝追っかけ〟のように巡回する各館を訪れ、比較してみるのも「特別展」の楽しみ方の一つといえる。気をつけたいのは国宝・重要文化財は公開日数の制限があることで、東京で展示された国宝が他の都市の博物館で観ることができるとは限らない。そこだけは気をつけたい。

column

よくぞ運んだ大型資料

メトロポリタン美術館のデンドゥール神殿やペルガモン博物館のゼウスの大祭壇ほどではないが、日本にもよくぞこんなものを運んできたものだと思わせる大型資料がいくつかある。筆者が印象に残っている2つを紹介しよう。「大理石村ロックハート城」（群馬県・高山村）は、石材会社が運営する私設のテーマパーク的な施設だ。なんと1829年にイギリスで建設された城館を6年かけて日本へ移築・復元したのだから、その情熱には恐れ入るばかりだ。

「箱根ラリック美術館」（神奈川県・箱根町）にあるオリエント急行のサロンカーは、2004年にヨーロッパからはるばる輸送した。海路で運ばれた車両は、沼津港から御殿場、乙女峠を経てゆっくり走りながら箱根の地に到着した。同館では、ルネ・ラリックのガラスパネルで装飾されたサロンカーで喫茶を楽しむことができる。これはものすごく魅力的で、筆者は箱根に行くときには必ず“乗車”して、豪華列車でティーセットを堪能することにしている。

その19

特別展にも展示替えがある

国宝・重文の展示期間は文化庁で定められている

２０１７年10～11月に京都国立博物館で開催した開館１２０周年記念 特別展覧会「国宝」は、おかげさまで過去最多の62万４５００人の来館者を集めた。国宝に指定されている美術工芸品のうち約４分の１にあたる２１０件を、会期中大きく4回に分けて紹介した。そのため、１回の入場ですべてを観ることができなかったが、これに対し来館者からは「せっかくあの作品を見に来たのに、展示されていないじゃないかッ！」「何回も来させて入館料を稼ごうという国の策略だ！」などというご批判をいただいた。「申し訳ない」と思いつつも、さすがに文化庁もそこまでみみっちくはない。実は、これは文化財を後世に引き継ぐために、保存の必要から設けられている制約なのだ。

年2回しか移動公開できない国宝・重文

日本美術の場合、「特別展」でも会期中に展示替えがあるのは、決して珍しいことではない。というのも、「その16　常設展という言葉に騙されないで！」で述べたように日本の絵画や彫刻作品などは、紙や木、絹などの脆い素材でできているからである。彩色に使われている顔料や染料も褪色しやすい。ゆえに長い間にどうしても劣化してしまう。文化財の保存という面だけを考えれば、展示しないで収蔵庫で眠らせていた方がいいわけだ。

しかし、公開しなければ博物館の役割は果たせない。文化財保護法の第1条でもこう定められている。

「この法律は、文化財を保存し、且つ、その活用を図り、もって国民の文化的向上に資するとともに、世界文化の進歩に貢献することを目的とする」。

明治期以前は、寺社が公開の季節を選んだり、夏や秋の天気の良い日に衣類や書物を日干しし、風を通す「曝涼《ばくりょう》」などの機会に公開する伝統的手法によって、長期間にわたる公開を避けて保存・

継承してきたわけだが、現代においてはそういうわけにはいかない。

このジレンマを解消するため、文化庁は1996年に「国宝・重要文化財の公開に関する取扱要項」（平成8年7月12日、文化庁長官裁定）を策定した。それによって（以下要約）「所有者および管理団体以外の者が博物館で展示する場合に、公開は原則年間2回以内、延べ60日以内（褪色や劣化の危険性が高いものは30日以内）。公開のための移動は、原則2回以内（棄損等の危険性が極めて高いものは、移動を伴う公開は行わない）。安全性、機能性、耐震性を考慮した展示ケース内での展示、温湿度等適切な環境の下での公開」などを求めたのである。

公開日数や移動制限が設けられたことで、教科書に掲載されていたり、切手になっていたりするような人気の高い国宝・重要文化財は、どうしても各博物館からの引き合いが増えて、数年先まで予約で埋まってしまうことになる。京都国立博物館の、開館120周年記念 特別展覧会「国宝」は、10年以上前から所有者である寺社や個人の方々に頭を下げて、この取扱要項に反しない日数の範囲で、ギリギリの借用をお願いした結果、どうしても4回に分けて展示せざるを得なかったのである。

国宝・重文でなくても展示替えは必要

「特別展」で展示替えをせざるを得ないのは何も国宝・重要文化財に限ったことではない。各館が有するコレクションは、国宝・重文に指定されていようといまいと、後世に引き継いでいく責務がある。したがって、学芸員は「特別展」会期中であっても常に作品のコンディションをチェックし、場合によっては随時、展示替えを行う。少しでも破損に気づいたらすぐに剥落《はくらく》止めなどの応急措置で、劣化のスピードを遅らせる努力をしている。

なお、「所有者および管理団体以外の者が」と条件をつけたのは、お寺の仏像など信仰の対象になっている文化財は、さすがに年間60日以内だけの公開というわけにはいかないからだ。奈良や鎌倉の大仏を年間60日以内の公開にしたら、世界中から不満の声が寄せられるだろう。基本的には所有者に対しては次のような規定が設けられている。「文化財の所有者その他の関係者は、文化財が貴重な国民的財産であることを自覚し、これを公共のために大切に保存するとともに、できるだけこれを公開する等その文化的活用に努めなければならない」（文化財保護法第4条第2項）。まさに車の両輪のごとく、保存と公開に関して善管注意義務を定めているわけだ。

その20

展示の順路にもこだわりがある

学芸員がストーリー性のある順路を考案

博物館の展示には順路というものがある。学芸員は、展示におけるストーリーを考慮して展示計画を立てるわけだから、でたらめにまわられたら悲しい。

ただ、常設展は、比較的テーマごとに展示コーナーが分かれているので、必ずしも順路に従って見学しなくても問題はない。このように自由に回れる展示の順路を「自由動線」と呼ぶ。とはいえ、几帳面な日本人は「ご自由に」といわれた瞬間、「そんなご無体な」と感じてしまう。

「九州国立博物館」（福岡県太宰府市）の平常展（文化交流展）では開館当初、自由動線を採用し、特定の動線を持たない体験的な展示スタイルにしていたが、「動線がわからない」という意見が多数寄せられたそうだ。その解消策として展示室マップを作成した。

館によっては「強制動線」ではなく、「推奨動線」としている場合もあるが、初めて訪れる人はいきなり「自由にご鑑賞ください」といわれても、空間を把握できていないので戸惑うこともあるだろう。

博物館の動線は3パターン

少々建築学の教科書的な話になり恐縮だが、ここで少し博物館の動線計画（巡回形式）について説明しておこう。動線計画とは、入口から出口までをどう巡回してもらうかというものだが、大きく「接室順路型」「中央ホール型」「廊下接続型」の3つの種類がある。

「接室順路型」は一筆書き型とも呼ばれる形式で、それぞれの展示室をつなぐ配列なので、面積の効率がよく、逆戻りと来館者同士の交差を防ぐようになっている。小規模展向きといわれている（図1）。

「中央ホール型」は、その名の通り、中央のホールからそれぞれ目的の展示室に入れるようになっている。中規模展向きとされている（図2）。

「廊下接続型」は、それぞれの展示室が廊下でつながっているタイプで、密封された空間にならず、心理的負担も少ないことから、鑑賞に時間のかかる大規模展向きといわれている（図3）。それほど大規模な展示を開催しない場合は、不要な展示室を閉鎖しておけるというメリットもある。

これから博物館を作ろうという場合、こうした動線のことを配慮し展示室の設計（ゾーニングともいう）をするのである。展示面積が大きければ、可動間仕切りや展示ケースを置くなどバリエーションができるので、より柔軟かつ機動的に展示レイアウトを考えることができる。

欧米の博物館は右回り、日本美術は左回り

もう一つ、順路には「右回り」か「左回り」かという問題がある。欧米の博物館は一般的に壁に沿って右へと進んで行く「右回り」で、それに倣って日本でも「右回り」のところが多い。ただ、日本の美術作品が中心の展示では、壁に沿って左へと進んで行く「左回り」のところが多い。これは文字の読み方の方向の違いによるものだ。日本語は縦書きの場合、右から左へと読み進めるため、動線がその逆だと目が行ったり来たりしてしまうことになる。例えば、絵巻物のストー

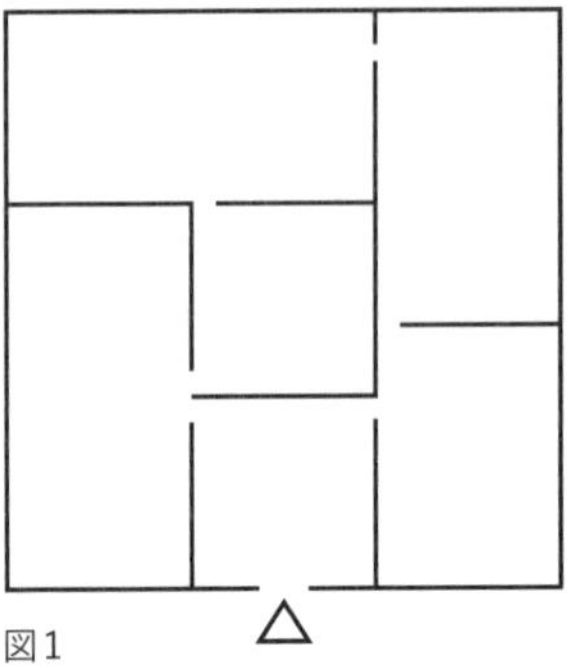

図1
接室順路型

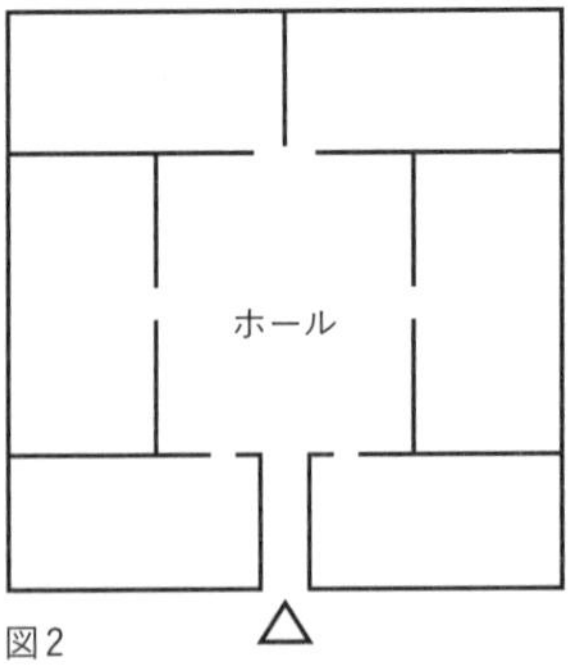

図2
中央ホール型

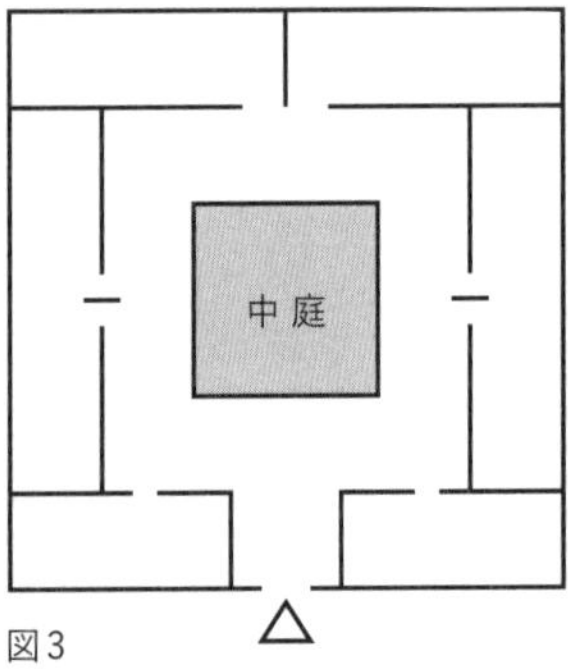

図3
廊下接続型

〈参考文献〉
『2019年度版　1級建築士　設計製図試験課題対策集』（日建学院教材研究会編著 建築資料研究社）

リーは右から左へと展開していく。この展示が「右回り」の動線だったらどうなるか。想像するだけでわかるだろう。

「右回り」は、心臓の循環と同じなので心地よいという説がある。逆に本来、人間は無意識に左へ左へと傾いていく習性があるため、コンビニエンスストアなどはむしろ左回りを前提に設計していると聞いたことがある。ちなみに回転寿司は、多くの人は右利きのため、右回りになっているそうだ。

いずれにせよ、博物館の動線は単純明快であるのが一番。来館者がストレスフリーで鑑賞に没頭できるからだ。異なる動線が交差しないようにすることも大切で、職員が使用するバックヤードの動線と重ならず、非常事態も想定した作品専用の避難経路を確保しておくことや、バリアフリーにも配慮する必要がある。

テーマ別展示か、歴年展示か

テーマ別展示か、歴年展示かが重要になってくるのが歴史系博物館だ。東京国立博物館の本館（日本ギャラリー）では、1階がジャンル別展示、2階が日本美術の流れを追うスタイルの展示になっており、いずれも図1の「接室順路型」で中央部に接続しない回廊型の単純動線になっている。

歴年展示の場合、過去から現代へと進んでいくのが一般的だが、なかには「八千代市立郷土博物館」（千葉県八千代市）や「袖ヶ浦市郷土博物館」（千葉県袖ヶ浦市）、「柏崎市立博物館」（新潟県柏崎市）のように現代から過去へとさかのぼる「倒叙法」で展示している館もある。これがなかなか新鮮な博物館体験だ。過去にさかのぼって歴史を追求していくことによって、新たな発見がある。

行動心理学的には、博物館の来館者は、最初に遭遇した作品が最も印象に残りやすいといわれている。さらに後半より、最初の方にある展示に時間をかけるというデータもある。確かに1時間近くも展示を観て歩いていると足が疲れ、頭も飽和し、いわゆる「博物館疲労」の状態になってしまう。しかし、最後にドーンと目玉を出すストーリー展開の展示も少なくない。最後のお楽しみを心ゆくまで楽しむためには最初の展示に集中しすぎない方がよさそうだ。

column

鉄道記念物とは

1

鉄道ファンにとっては、鉄道博物館ほど楽しい場所はないだろう。「鉄道博物館」（埼玉県さいたま市）や「京都鉄道博物館」（京都府京都市）はじめ、全国各地に旧駅舎などを利用したものも含め、多くの鉄道博物館がある。ところで、鉄道ファンには常識かもしれないが、「鉄道記念物」という制度がある。既に重要文化財に指定されている車両などはあるが、鉄道記念物とは何だろうか。

鉄道記念物は、国鉄が1958年10月に制定した「鉄道記念物等保護基準規程」に基づき、国鉄総裁が指定するものとされていた。その基準は、「①国鉄及び国鉄以外の者の地上施設その他の建造物・車両・古文書などで、歴史的文化価値の高いもの、②国鉄及び国鉄以外の者の制服・作業用具・看板その他の物件で、諸制度の推移を理解するために欠くことのできないもの、③国鉄における諸施設の発祥となった地点、国鉄のある伝承地、鉄道の発達に貢献した故人の遺跡（墓碑を含む）などで歴史的価値のあるもの」とある。

（P140に続く）

その21

展示室がやけに暗いのには理由がある

暗い照明は自然劣化を遅らせるため

京都国立博物館で実施している来館者アンケートでいただく「ご意見・ご要望」に、必ずベスト5入りするのが「展示室が暗い」だ。参考までに他には「キャプションの字が小さい」「休憩用のソファ（椅子）が少ない」「他の客のおしゃべりがうるさい」「もう少しわかりやすい解説がほしい」などが入ってくる。

ただ、展示室が暗いのは、「その19　特別展にも展示替えがある」で述べたように、文化財を保存するためにやむを得ない事情であることもご理解いただけたらと思う。

通常、オフィスや学校の室内の光の明るさは1000ルクス前後だが、それに対して博物館の展示室では300ルクス以下であることが多い。これだけでもずいぶん暗いという印象だが、染織資料などの展示室になるとさらに照明を落とす。特に所蔵する文化財の大半が日本美術の場合、彩色に使われている顔料や染料は褪色しやすく、長い間、明るい光にさらしているとどうしても劣化が進む。とりわけ紫外線は大敵だ。自宅のカーテンが太陽の光が当たり続けることで色褪せてしまうのと同じように、文化財の彩色もあっという間に劣化し、最悪、消えてしまうことにもなりかねない。

そのため、文化庁では、文化財の材質や種類ごとに照度や公開日数を定めている。照度を下げることで、逆に公開日数を長く確保できるわけだ。学芸員はそのあたりの調整をきめ細かく行っている。大事な文化財を自分たちの世代で消滅させてはいけないという責務があるからだ。

海外展示ではさらに照度と温湿度を徹底管理

海外の博物館で日本美術の特別展に入ると日本で鑑賞する時以上に室内が暗いことがある。これには理由がある。日本美術を海外へ貸し出す際には、必ず光の明るさ（照度）について条件を課しているからだ。場合によっては温度や湿度に関しても厳しい条件をつけているため、入った途端、ややひんやりして、寒いと感じることもある。

これもみな、文化財を保存するためで、日本美術の海外展が比較的欧米の先進国に集中せざるを得ないのも、そうした照度や温湿度を徹底できる保存環境を整備できる博物館であることが大前提だからだ。

しかも、日本美術の取り扱いは独特なため、その館に日本美術の専門家がいない場合、日本から学芸員を派遣し、会期中はずっと常駐することになっている。要は海外ではそれだけの経費を負担できる博物館しか、日本美術の展覧会を開催できないということになる。

しかもアメリカでは日本美術の専門家の高齢化が問題となっている。そこで、海外で活躍する日本美術専門の若手研究者を育成しようと、2014年度から東京国立博物館が中心になって毎年「北米・欧州ミュージアム日本専門家連携・交流事業」という研修会を行っている。それによって徐々に若手の日本美術専門家が育ってきているのは喜ばしい限りだ。

その22

密を避けるための工夫を知っておこう

コロナ禍前から事前予約制の館はある

新型コロナウイルスの感染拡大を経験して以降、博物館でも3つの密、すなわち「密閉」「密集」「密接」を避けることが求められている。

日本博物館協会が令和2年（2020年）9月に制定した「博物館における新型コロナウイルス感染拡大予防ガイドライン」では、「フロアマーカー等の設置等の工夫を行い、来館者同士の密が発生しない程度の間隔（最低限人と人が接触しない程度の間隔）を確保する」ことが求められている。しかし、実は動線計画の観点から、特定の展示コーナーや展示ケースに人が密集したり、滞留しない工夫をコロナ以前から実施している館もある。「三鷹の森ジブリ美術館」（東京都三鷹市）や「川崎市藤子・F・不二雄ミュージアム」（神奈川県川崎市）などがそうで、以前から完全に事前予約制で入場制限をかけている。

密も甚だしかった過去の失敗例

密を避けるために大事なのはやはり動線だ。いかにスムーズに来館者が流れる仕組みを作るかがポイントになってくる。まずは、失敗例から紹介しよう。

京都国立博物館の平成知新館は、もともと平常展示（名品ギャラリー）を行う場として設計されており、通常は1階から3階までを使ってジャンル別の展示を行っている。

ところが特別展の利用を想定していた明治古都館（本館）が、2015年7月以降、耐震改修のため展示室としては使えなくなってしまった。そこで平成知新館を活用し、特別展を開催している。大きなガラスケースなど展示環境そのものは申し分ないのだが、動線についてはすこぶる評判が悪い。なぜなら、まずいったん3階に昇って、そこから2階、1階へと降りていく流れになっているのだが、その順路がややわかりにくいからだ。特別展には一つのストーリーがある。その展開を崩さないためにも自由動線というわけにはいかない。そのため、苦心して案内表示を配置しているが、やはり本館の単純動線にはかなわない。

2016年に東京・上野の「東京都美術館」で開催された「生誕300年記念 若冲展」は、最大で320分待ちの長蛇の列ができるほどの人気ぶりだった。熱中症で倒れて救急車で運ばれる事態になった来館者もいたほどで、それだけにやっと館内に入れても、展示品をなかなか観ることができないという事態が生じてしまった。

作品のすべてが展示ケースの中にあるため、その前に黒山の人だかりができ、近寄れない人は作品の下の方が見えない。しかも、同館は次の階の作品をエスカレーターで降りて観に行く構造になっているため、ここでまた行列ができてしまった。時間指定券を発行し入館制限を設けるか、もしくは動線上の工夫をすべきだっただろう。

密を避けた海外の博物館の新様式

来館者は展覧会場に入った際、右と左の壁に展示があり、しかも、両方に人気作品が展示されていると、それだけでその通路にはたくさんの人が滞留してしまう。したがって、学芸員は来館者の滞留時間が長くなりそうな有名作品の前には、できるだけ滞留できるスペースを確保する。

海外の例では、フランス・パリのルーブル美術館は、大人気のレオナルド・ダ・ヴィンチの油彩画「モナ・リザ」前に広大なスペースを確保している。ドイツ・ベルリンの新博物館にある「ネフェルティティの胸像」は、特別室を設け、そこに1点のみ展示するスタイル。ゆったりした空間なので、人を気にせず、じっくり堪能できる。

日本でもそうした工夫がなされた例がある。2014年に東京国立博物館で開催された「台北國立故宮博物院—神品至宝—」展では、翡翠を虫がとまった白菜の形に彫刻した高さ20センチほどの作品「翠玉白菜」のみを平成館ではなく、本館の特別5室で、期間限定の展示をしたのである。

一般的に、人気作品は来館者が集中しないよう、できるだけ一カ所にまとめて展示をしない。ストーリー上、並べた方が効果的な場合は、通常よりも間隔をあけているはずだ。また、小さな作品の場合は、拡大した写真パネルを掲示するなどの工夫をしている。

案外盲点なのがオーディオガイドで、聴きながら鑑賞するとどうしても案内のある作品の前で立ち止まって聞き入ってしまいがちなので、「密」にならないよう、気をつけてほしい。

絵巻物の新たな鑑賞方法誕生！「動く歩道」

比較的長蛇の列ができやすいのが、絵巻物展示の前だ。2016年4～5月に、期せずして2つの有名な絵巻物の展覧会があった。国宝「信貴山縁起絵巻」3巻すべてが同時公開された「奈良国立博物館」（奈良県奈良市）での「国宝信貴山縁起絵巻」展と、国宝「伴大納言絵巻」が3期にわけて上巻、中巻、下巻が順次公開された「出光美術館」（東京都千代田区）での「開館50周年記念　美の祝典」展だ。筆者も足を運び、かじりついて見た記憶がある。絵巻物は、「しっかり観たい」と思えば思うほど展示ケースに張り付くことになる。それが例えば「清明上河図」（北京故宮博物院）のように繊細な絵であればあるほど、じっくり観ることになるので、滞留時間が増えてしまうのである。

そのため、人気の絵巻物を展示する場合は、観覧動線を2列に分け、「待ってもいいからじっかり間近で見たい」人は前の列で、「遠くから覗き見るだけでいい」人は後方の列から見学できるように交通整理をする場合が多い。展示ケースの上には、拡大した写真パネルが掲示されているので、どうしても鑑賞したい場面だけは並び、それ以外は写真パネルで観て楽しむといった方法もある。

東京国立博物館では絵巻物展示に人が集中する問題を解決すべく、2021年4月から開催された特別展「国宝　鳥獣戯画のすべて」では、「鳥獣戯画」甲巻の展示のみ、「動く歩道」を設置した。おそらく水族館やテーマパークを除けば、博物館として世界初の試みだと思う。来館者の多い展覧会では滞留を避けるために、会場担当者が「止まらないでくださーい」と声をかけることになるのだが、それが苦情の対象になることもしばしばだ。とはいえ、「動く歩道」では、そもそも強制的に移動させられてしまい、来館者中心の展示とはならない。移動のスピードが速すぎると感じる人もいるだろうし、酔ってしまう人もいたのではないだろうか。来館者の意見が気になるところだ。

その23

最も多くグッズ化されている作品をチェック！

ミュージアムグッズの原点は神社のお守り

ある博物館での調査によると、来館者のおよそ4割がミュージアムショップでグッズを買い、7割が飲み物を飲むという。後者はそうだろうという気はするが、前者はおそらく館によってだいぶ差があるはずだ。魅力的なグッズを揃えていれば、購入する人も多いだろうし、絵ハガキくらいしか置いていない館だったら、それほど利用者は多くない気もする。

地域差や来館者層による違いもある。例えば、展覧会のカタログでいえば、京都国立博物館では多い時だと、来館者のおよそ半数がお買い求めくださる。しかし、九州国立博物館でそこまで売れることは滅多にないそうだ。観光のついでに来館された方はカタログまで購入しないけれど、展覧会を目的にわざわざ遠方から足を運ばれた方はやはり買って帰りたいのだろう。

筆者は、ミュージアムグッズのルーツは、寺社のお守りだと思っている。博物館を訪れたら、そこで得た感動を〝ご利益〟として持ち帰りたい。それゆえ、カタログに限らず、ミュージアムグッズはできるだけ買うようにしている。

最もグッズ化されている作品がその館の目玉

初めて訪れた博物館で、その館の目玉作品が何かを知りたかったら、先にミュージアムショップを覗いてみよう。人気のある作品が、絵ハガキとして販売されていることが多いからだ。いや、絵ハガキでなくとも、グッズ全体を眺めてみれば、モチーフとして多く描かれている作品があることに気づくはずだ。

東京国立博物館は、12万件もの館蔵品がありながら、グッズ化されているのは「見返り美人」や「風神雷神図屏風」など、教科書や切手にも描かれている作品が圧倒的に多い。ルーブル美術館に行ったことがある人だったら、「モナ・リザ」か「サモトラケのニケ」など、有名な作品の絵ハガキかグッズを買ったのではないだろうか。グッズは売れなければ商品化する意味がないので、当然人気の作品を使うのである。

ところが困ったことに、「モナ・リザ」や「サモトラケのニケ」であれば、ルーブル美術館、「ロゼッタ・ストーン」であれば、イギリス・ロンドンの大英博物館へ行けば、いつでも鑑賞できるのだが、日本の国宝・重要文化財となっている「見返り美人」や「風神雷神図屏風」は、東京国立博物館へ行ったからといってすぐに観ることができるわけではない。文化財保存の観点からずっと展示したままにはできないからだ。

したがって、実物は次回の展示を期待し、とりあえず記念にグッズを買って帰ろう。あなたの落としたお金が、博物館の貴重な財源になるのだから。

さて、我が京都国立博物館の売れ筋は何だろうか。あいにく東京国立博物館ほど有名な文化財をあまり持ち合わせていないこともあり、公式キャラクター・トラりんグッズが一番の売上げを誇っている。もともとトラりんも当館所蔵の尾形光琳筆「竹虎図」(紙本墨画　江戸時代)をモチーフにして誕生したキャラクターとはいえ、少々悔しい。誰でも知っているような館蔵品で、トラりんを凌ぐミュージアムグッズを開発することが、筆者の隠れた野望である。

その24

学芸員を知れば博物館の裏側がわかる

学芸員とは博物館の専門職員

時々、展示室に座っている監視員を学芸員だと勘違いしている方もいるが、その多くは、博物館が外注している会社のスタッフである。

小さな博物館だとしても、図書館の司書のように学芸員は常時、カウンターや展示室にいて来館者の対応をしているわけではないので、一般の来館者が学芸員に接する機会はほとんどないかもしれない。しかし、本気で博物館を味わい尽くしたいと考えるのであれば、学芸員と仲良くなるしかない。そのための方法をいくつか伝授しよう。

その前に学芸員について少し説明しておく。

学芸員は、博物館におかれる専門的職員で、博物館資料の収集、保管、展示、調査研究、教育普及などの業務に携わる。ちなみにこの資格は基本的に大学で「博物館に関する科目」19単位を修得することによって取得できる。教員と違って専門科目の指定はないため、人文系であっても自然史系であっても「学芸員」という資格一本しかない。

実態としては、考古学や美術史などが専門の学芸員が多いが、小規模な博物館の学芸員は、自分の専門分野だけでなく、地元の郷土史家や学識経験者などの協力を得て、オールラウンドに活躍している場合が多い。博物館の規模によっても違うが、令和元年（2019年）度「日本の博物館総合調査報告書」（日本博物館協会）によれば、市町村合併や経費削減などにより、学芸員資格を持った常勤職員がいない館が3分の1超というのが実態だ。つまり、小さな規模の博物館には学芸員が常駐していない場合もあることを予め承知しておこう。

常勤の学芸員が配置されていない博物館では、学校教員のOBや地元の郷土史家、あるいはNPO団体に管理を委託し、その館の管理や案内役をお願いしているケースもある。学芸員の資格の有無はともかく、案外そういう人の方が地元でも有名な生き字引だったりする。

積極的に声をかけ、質問してみる

では、学芸員やその博物館に詳しい案内役の方と仲良くなる方法を紹介しておこう。博物館を訪れた際は、とにかく声をかける。シンプルだがそれが一番だ。

運よく学芸員に巡り合えた場合、おそらく展示資料に関する質問であれば、自分の専門でなくても、淀みなく答えてくれるに違いない。そして、学芸員と仲良くなるためには、その人の専門が何なのかを把握しておいた方がいい。間違いなく専門分野の方が、張り切って説明してくれるからだ。

筆者も、訪ねた博物館で学芸員とおぼしき人に話しかけ、1時間以上にわたって地域の歴史を聞かせてもらった経験が何度もある。今振り返っても貴重な経験だったと思う。ただし、もし、帰りの電車の時間などが気になる場合は、話を始める前に「私は○時にここを出なければならないんだけど」と伝えておいた方がいいだろう。

ワークショップに参加して仲良くなる

そうはいっても、事務室に声をかけて学芸員を呼びだすのもなかなか勇気のいることだ。先方にもいろいろ都合があって電話で市民からの問い合わせに答えていたりと忙しいかもしれない。そこでおすすめしたいのが、行事に参加することである。博物館ではギャラリートークや講演会、ワークショップなどを実施していることが多い。百聞は一見に如かずとはいえ、やはり見学して解説を読んだだけではわからないことがたくさんある。時間が合えば、ぜひ専門家の話をじっくり聞きたいものだ。実施日時はホームページや市民広報などでチェックできる。コロナ禍以降、事前予約や人数制限がスタンダードになりつつあるのでそのあたりも要確認だ。

お子さんがいらっしゃる方であれば、子ども向けイベントに、保護者として参加すればいい。そのイベントの前後に学芸員に話しかけるのである。1回だけでなく、2回、3回と参加すれば、さすがに覚えてくれる。名前まで覚えてもらえば、こっちのものだ。いろいろ質問しよう。ただ、しつこいと嫌われるので、何事も中庸が肝要だ。

「宮城県美術館」（宮城県仙台市）のオープンアトリエ「創作室」や「相模原市立博物館」（神

奈川県相模原市）の「天文研究室・市民研究室」などのように、学芸員が常駐するスペースを設けている館もあるので積極的に利用したい。

中規模以上の公立博物館の場合、学校教員が教育普及担当などとして出向してきている場合も多く、概してそういう人たちは話がうまい。博物館に異動してきた機会にいろいろ勉強しているはずなので、また少し違った視点からの話が聞けるかもしれない。

楽しいバックヤードツアー

最近、バックヤードツアーを行う博物館も増えてきた。一般の人が収蔵庫などバックヤードを見学する機会はなかなかないので積極的に参加したい。

ただし、収蔵庫は何といっても博物館の心臓部分であり、古い建築物だとセキュリティー上の問題で公開したくてもできない場合がある。あえて性悪説に立つならば、あなたが窃盗犯で、バックヤードを見学に来たふりをして、盗難方法や逃走ルートを確認しているかもしれないからだ。したがって、関係者以外、収蔵庫に入れてもらえないことが多い。私立博物館だと、例え学芸員であっても、オーナーや、館長の許可がないと収蔵庫に入れないケースもあるほどだ。

その25

文化財の保存修理のことも知っておこう

作品の経年劣化は避けられない

「その19　特別展にも展示替えがある」で述べたように、文化財は、時間の経過とともに劣化していくことを避けることができない。このため、作品の状態に合わせて、ある程度の周期で修理を行うことで、自然劣化を少しでも遅らせることが博物館や文化財保護に携わる者の使命である。一方、一般の人はなかなか修理の現場を見ることはできない。何より博物館の展示では修理は目立たない。いや、目立ってはいけないのだ。それだけ奥深い世界でもある。そのことを書くだけで1冊の本になってしまうのだが、ここではその世界を少しだけ覗いてみることにしよう。

100年に1度、修理の必要がある文化財

絵画、工芸品など日本の文化財の多くは、紙や絹などの脆弱な素材でできている。その上にきれいな色をした鉱物性の顔料を膠《にかわ》という接着剤にまぜて絵具として用いている。さらにこれらを維持するために、屛風や襖のように紙を重ね打ちして固定したり、掛幅（掛け軸）や巻子（巻物）のように紙を何枚か裏打ちして表装したりして保存・展示している。

基底材となる紙や絹は有機物なので、温湿度の影響によって組織が収縮・膨張する。日本は四季による温湿度の変化が激しく、特に高温多湿の夏は文化財にとっては過酷な環境だ。新築の博物館では、館内に作品を展示する前に「ひと夏のからし期間を置くべきだ」といわれているのは、まさにそれゆえのことだ。

一定の温湿度管理ができる収蔵庫がなかった時代は、天然の断熱材を駆使した土蔵の中に保管し、気候のいい秋の時期に曝涼《ばくりょう》（いわゆる虫干し）を行い、蔵に風を入れて定期点検を行っていた。今でも地域によっては、秋に集中して曝涼を行っているところもある。奈良国立博物館で毎年秋に開催している正倉院展は、この曝涼行事の名残といわれている。

国宝・重要文化財を多数含む近衛家伝来の古文書、典籍、記録、日記、書状、古美術品など約10万点を所有している「陽明文庫」（京都府京都市）や、８００年にわたる公家屋敷を今に伝える「冷泉家時雨亭文庫」（京都府京都市）では、今でも土蔵で保管している。昔ながらの漆喰塗りの土蔵は、湿度が安定し、寒暖差も緩やか、しかも火事にも強いため、日本の風土では理想的なのだ。まさに先人の文化財保存の知恵の結晶だろう。

しかし、どんなに大事に保管していても、膠や糊は経年劣化によって粘着力を失い、絵の具が剥落したり、本紙が表具から浮き出たりする。屏風や襖、あるいは仏像などは、常に露出し外気に晒された過酷な環境にあるため、表層面の痛みは避けられず、カビや虫、時には外から侵入する野生動物による被害を受けることもある。そのため、およそ１００年ごとの修理というものが必要となるのである。

文化財は「修復」ではなく「修理」

１０００年以上の長い年月を生き抜いてきた文化財は、かつて何かしらの修理を行っているものがほとんどで、必要な修理を繰り返すことで文化財は守られ、何世代にもわたって大事に伝えられてきた。

ところで、よく文化財の「修復」という言葉も耳にするが、我々文化財に携わる者は「修復」ではなく、「修理」という。あくまで現状維持であり、作品を新品のようにきれいにすることが目的ではないからだ。長い年月を経て刻々と進む劣化を止めるためにする行為なので「修理」というわけだ。劣化が進み過ぎて修理してもどうしようもない時に、「復元」をすることもある。ちなみに、今ないものを元の姿に戻すことを「復元」、今ある文化財を修理して戻すことを「復原」という。専門家は厳密に使い分けているので、覚えておこう。作品が古ければ古いほど、過去に何度か修理を行う中で手が加えられたり、オリジナルな部分が改変されていたりすることも決して少なくない。このような後世に補修された部分（「後補」という）を除去するかどうかは、基本的に専門家の判断となる。修理は、作品の見栄えをよくし、価値を高めることが目的ではないため、文化財の持つオリジナルな情報を損なわず、次の世代に伝えることが重要である。

修理の記録をしっかり残しておくことも重要である。後々の修理に役立つからだ。どんな手順で、どんな材料を使って作業をしたかなど、細かい記録を残しておくことが大事だ。新しく開発された工業製品の材料を使う場合はことさら慎重にする必要がある。将来への影響がわからないからだ。その点、膠や糊などの伝統的な材料は、数百年にわたる壮大な実績があるだけに安心して使えるわけである。

文化財修理技術が進展！　最良の方法で修理可能に

ここ数年、文化財修理に際して自然科学分野と連携が行われるようになってきた。伝統的な技術を用いた修理現場に赤外線やX線などの新たな分析機器を導入し、科学調査を行うことによって、修理前に作品の構造や損傷状態をより詳細に知ることができ、修理材料の選定に役立つ情報を得ることもできるようになったのである。例えば、赤外線を照射すると、通常の光では見ることが難しい墨書きなどの下絵が明瞭に見えることがある。また、表面から見えない部分を見たい時は、X線透過撮影をすれば、絵具、紙・絹の重なりなどに関する情報を得ることができる。

近年の調査手法や調査機材の進展は著しく、「MOA美術館」（静岡県熱海市）収蔵の尾形光琳の国宝「紅白梅図屛風」の科学調査では、2003年から2011年の数年間で金箔や銀箔の使用に関して調査結果が大きく覆る事態となり、今でも関係者の間で議論が続いている。文化財修理は、科学技術の進歩によって、所有者や修理技術者、研究者などによる感性の協働作業の場になっているのだ。

その26

タイプ標本とは何だろう

自然史系博物館にしかない表記がタイプ標本

博物館には歴史系、美術館などの他、自然史系博物館がある。自然史関連の資料は、一部の天然記念物を除けば、文化財保護法の対象外であり、その代わり、他の博物館では絶対にみることのない表記を見ることがある。それが「タイプ標本」(「基準標本」または「模式標本」)だ。

例えば、生物の新種を発表する時、その基準となる標本を指定することになっている。この標本のことを「タイプ標本」と呼ぶ。新種発表の基準であるタイプ標本は博物館や研究機関で大切に保管されている。

タイプ標本のうち、種の学名の基準となる単一の標本を「ホロタイプ」として新種記載の際に原記載（新種として科学雑誌に掲載された論文を「原記載」と呼ぶ）で指定する。タイプとなる標本が複数ある場合には、その中の一つをホロタイプとし、残りのタイプシリーズを「パラタイプ」に指定し、ホロタイプに準ずるものとする。

複数個体のパラタイプは、種の計数や計測形質、形態形質などの変異幅を示すために必要だが、学名の基準はあくまでホロタイプとなった1個体にあるため、文化財でいう「国宝」と同じくらい一点もので貴重だ。いや、ホロタイプ標本は、すべての生物のそれぞれの種について一つしか存在しないもので、その種をめぐる分類学的な諸問題が生じたときに研究者が問題解決のよりどころにできる。まさに唯一無二の標本であることを考えれば、もっと重要だといってもいいのかもしれない。

タイプ標本を安全に保管し、研究に活用できるように整理することは、博物館の最も重要な役割であり、博物館はこの役割のために創出されたのだとまで断言する専門家もいる。

タイプ標本は、個人コレクションの場合もあり、一般の人々はなかなか目にすることのできないものなので、これらを目録化して、インターネット上で公開することで研究者に便宜をはかるだけでなく、広く一般にもタイプ標本というものの存在や重要性、それを保管する博物館の必要性を知らしめる必要があるだろう。

その27

博物館内における撮影について考えておく

博物館が写真撮影を禁止する理由はいくつかある。一つは鑑賞環境の問題だ。撮影音がうるさい、他の来館者の鑑賞の妨げになる、撮影に気を取られ、作品にぶつかる恐れがある、人気作品の前で来館者の滞留が生じる、などである。

撮影禁止のもう一つの理由は、近現代美術館における著作権侵害の問題である。作品の撮影を許可するためには、著作権者すなわちアーティスト（またはその相続者）の許可が必要となる。数多く展示物がある館の場合は、すべてのアーティストから許可を得たり、一点一点撮影の許可・不許可の表示をし、その監視を徹底することは、容易なことではない。「博物館は、ポストカードや図録を買わせるために撮影を許可していない」という話もよく耳にするが、素人がカメラで撮っても、高品質の複製品を作るに足る映像など撮れるはずがなく、俗説に過ぎないと思われる。

一方で、自分の作品を広めたいという若いアーティストにとっては、逆に自由に撮影して

SNSで拡散してもらった方がメリットとなる。現代アート作品は、いわゆる〝インスタ映え〟する作品が多いため、SNSとの相性もよいのであろう。

著作権上の問題とはならないが、所有者すなわち寄託者や出展者が撮影を許可しないことがある。特に仏像や仏画など信仰の対象となっている文化財については、合成や加工・改変を避けるため、ホームページ上の画像の掲載すら許可しない場合もある。寄託品の多い京都国立博物館で撮影が禁止されているのはそのためだ。

最後に、フラッシュなどで作品が劣化する、という理由もよく聞かれるが、ケンブリッジ大学のマーティン・エヴァンズ博士によれば、「何十年もの間、写真のストロボから発せられる強烈な光がアート作品や文書を傷めると広く信じられてきた」が、科学的な立証実験によって、「実際には、ほとんどのフラッシュはフィルター付きのため、美術館側が心配する紫外線はほとんどカットされている」という。

なお、一部の発展途上国では、写真撮影が入館料とは別料金で有料となっている場合があるが、その多くは収益を目的としており、撮影を禁止する理由は実質的にないと考えていい。近年は、写真撮影に対するニーズに対応し、特別展を開催する際に、撮影可能な作品についてはフォトスポットを設ける館が増加傾向にある。こういうスポットを探してみよう。

column

鉄道記念物とは 2

（P113の続き）

1987年の国鉄分割民営化後は、既存の記念物がJR各社の管理に移され、しばらく指定が行われなかったが、2004年にJR西日本が、準鉄道記念物から鉄道記念物への格上げという形で、18年ぶり（鉄道記念物に限れば32年ぶり）に指定を実施した。2010年には、JR北海道がやはり準鉄道記念物からの格上げで指定を行った。鉄道記念物は、原則として10月14日の鉄道記念日（現在の鉄道の日）に数件ずつが指定され、2010年までに43件が指定されている。京都鉄道博物館には大阪駅時鐘、義経号機関車、0系新幹線車両などがある。「準鉄道記念物」は、地方的にみて歴史的文化価値の高いものを支社が指定するもので、2012年までに59件が指定され、うち8件が後年、鉄道記念物に昇格している。

2013年には鉄道博物館で第1回「世界鉄道博物館会議（RAILCONF）」を開催した。（それ以降2年ごとに世界各地で開催）。『全国鉄道博物館』（白川淳著 JTBパブリッシング）という本もあるので、世界に誇る日本の鉄道記念物や鉄道博物館を堪能したい。

第4章

上級者のための「観る技術」

その28

事前チェックで、博物館体験がさらに充実

事前に情報をホームページで把握

旅先で初めて入る博物館で、「こんなところに、こんなものが！」といった驚きに出会うと、忘れられない経験となる。その一方、帰宅後に持ち帰った博物館の案内パンフレットなどを見ていて、「ああ、確かにこんなものが展示されていたけれど、しっかり見てこなかった」「近くにこんな史跡もあったのか！　ちょっと足を延ばして見てこればよかった」と後悔することもまたよくあることだ。

そういった後悔をしないため、もし時間があれば、事前にホームページなどでチェックしておこう。少なくとも、そういう見逃しは少なくなる。公立の歴史博物館や郷土博物館などを見学す

る場合は、事前にその地域の歴史を調べておくとずいぶん印象が違ってくるものだ。ここでは、そのいくつかの例を紹介しよう。

小さな町の資料館は偉大なる歴史の宝庫

岩手県二戸市にある「二戸歴史民俗資料館」へ行ったことがある人は、地元か専門家かよほどの通《ツウ》だろう。

余談だが、青森県主要3市の一つである八戸《はちのへ》は知っていても、青森県から岩手県にかけて一戸《いちのへ》から九戸《くのへ》まであることは、案外知られていない。今この瞬間、「へーッ」とつぶやいてくれたら紹介しがいがあるというものだ。筆者は一戸から九戸まですべての場所をまわったことがある。

といっても実は四戸《しのへ》は地名としては残っていない。ただ、1500年代に南部支族四戸氏が築いた四戸城跡が今の二戸市に残っており、わずかに空堀の遺構を確認することができる。

地名の由来は、平安時代の後期、奥州藤原時代に、この地に糠部《ぬかのぶ》郡が置かれ、その中を9つの地区に分け、一戸から九戸の地名が付けられたとされている。つまり、地名としての「戸」は、「○○地区」というような意味だったのだ。あるいは、もともと、牧野、城柵《じょうさく》（柵戸《さくこ》）という意味があったなど、諸説あるようだ。

こういうことも事前に調べておけば、青森県七戸町に競走馬の生産牧場として有名だった「盛田牧場」があったこともうなずける。かつての厩舎は登録有形文化財として保存され、金子ファームにより「旧《きゅう》盛《もり》田《た》牧場《ぼくじょう》南《なん》部《ぶ》曲屋《まがりや》育成《いくせい》厩舎《きゅうしゃ》」として公開されていた。２０２０年に「曲がり屋ＫＡＫＥＫＯ」としてリニューアルオープンしている。

二戸歴史民俗資料館に話を戻そう。ここに一歩足を踏み入れると、九戸政実、相馬大作、田中《たなか》舘愛橘《だてあいきつ》など、歴史上有名な人物に関係する資料が数多く展示されていることに驚かされる。九戸政実は１５９１年、豊臣秀吉の天下統一の最後の決戦である「九戸政実の乱」で知られている。その戦いでは６万人もの仕置軍が九戸城を包囲したそうだ。二戸市内には九戸城跡があり、東北最古ともいわれる石垣遺構や土塁、空堀などが残り、国の史跡に指定されている。

相馬大作は、本名は下斗米秀之進《しもどまいひでのしん》といい、二戸出身の南部藩士だ。１８２１年、参勤交代を終えて江戸から帰国の途についていた津軽藩主・津軽寧親を襲った暗殺未遂事件の主犯格として知られている。講談や時代劇、小説などでもよく登場するのでご存知の方も多いだろう。

田中舘愛橘は１８５６年、二戸に生まれた世界的物理学者としてその名を知られている。日本の科学分野に多大な功績を残した人物である。

こうした歴史上の人物にまつわる展示だけにとどまらない。二戸歴史民俗資料館にはなんと、国立科学博物館の「未来技術遺産」に登録された日本最古の酒の自動販売機があるのだ。さらに、世界的に有名な「門ノ沢動物群」と呼ばれる海生動物化石も展示されている。歴史あり、科学あり、生物ありの実に中身の濃い総合博物館だ。館内を歩いているだけでもう興奮がとまらない。

ちなみに、二戸歴史民俗資料館から車で5分、歩くと30分ほどかかる場所に、市の情報発信基地拠点となっている「二戸市シビックセンター」（岩手県二戸市）がある。その3階に「田中舘愛橘記念科学館」があり、田中博士の業績や科学技術史の発達などが紹介されている。

周辺も調べておくと思わぬ収穫がある

二戸市は2006年に隣の浄法寺町と合併したが、旧浄法寺町には728年の開山とされる古刹・天台寺と「浄法寺歴史民俗資料館」がある。浄法寺町は漆の生産が日本一というのもあって、昔から伝えられてきた漆掻きに関する資料や、「浄法寺塗」と呼ばれる貴重な汁椀が展示されている。

また、天台寺は、かの瀬戸内寂聴氏が名誉住職を務めている寺であり、二戸市内には「瀬戸内寂聴記念館」もある。その他、「埋蔵文化財センター」など市内には5館以上の博物館施設がある。史跡名勝も多い。市の北部に位置する秘湯・金田一温泉には、座敷わらしが現れるという旅館もあるので、宿泊してゆっくりまわるのもいい。二戸市を満喫するには、ゆうに一日は確保しておかないといけないことがわかるだろう。

小さな資料館の周辺にこそ見どころがある

滋賀県大津市に、「伊香立・香の里史料館」という小さな資料館がある。

「伊香立」は「いかだち」と読む。平安時代に相応和尚がこの地を訪れた際、今まで嗅いだことのない香りがするので、この地に「伊香立」と名付けたことに由来するそうだ。そんな伊香立の昔ながらの民家を再現し、当時の暮らしがわかる生活や、山仕事の道具などが展示されている。それだけでなく、伊香立は古来より京都と若狭を結ぶ間道であったことから、様々な栄枯盛衰のドラマが残る。例えば、1804年に農民が「竜骨」を掘り当て、これを領主の膳所藩主に献上したところ、「龍」の姓と土地をもらったという。発掘地跡には今も「伏龍祠《ふくりゅうし》」がある。竜骨は後に「トウヨウゾウの下顎」だと判明。現在は国立科学博物館に所蔵されているが、伊香立・香の里史料館には、その関係資料が保存・展示されているのだ。

　隣接する新知恩院は、1467年から11年間続いた応仁の乱の際、京都・知恩院の隣にある青蓮院の所領であったこの地に、知恩院第22世住持の周誉樹琳が法然上人立像を背負って避難し、創建された寺だ。その像は今でも新知恩院に安置されている。

　新知恩院から車で5分ほど南に下った場所にある融《とおる》神社は、嵯峨天皇の皇子で、臣下となって源氏姓を賜った源融《みなもとのとおる》の荘園だった場所で、源融は『源氏物語』の主人公光源氏の実在モデルの一人ともいわれている。このように伊香立には数多くの民話や伝説が残っており、伊香立・香の里史料館では、これらをじっくり堪能することができるのである。

　ユニークなのは「伊香立水族館」で、大津市立伊香立中学校の中にあり、一般公開されている。40種類約500匹の魚類は、水生生物を飼育研究する同中学校のアクアリウム部によって飼育・繁殖されているのだ。2014年の開館に際しては、地元の企業が給排水設備を整備したり、電源の差し込み口を増設したりといったことを無償で協力したという。まさに地元愛で生まれた水族館だ。

　このように、事前に調べる際には目的の博物館だけでなく、その近くにある博物館や観光スポットもぜひチェックして足を伸ばすことをおすすめする。

column

絵金《えきん》祭り

1

毎年7月第3土・日曜に高知県香南市赤岡町の本町・横町商店街で「土佐赤岡絵金祭り」、通称「絵金祭り」が開催される。絵金とは、幕末の時代に生きた一人の絵師で、絵師金蔵、略して「絵金」と人々に呼ばれていた。赤岡町には、数多くの絵金の芝居絵屏風が残されており、それを商店街の家々の軒下に並べ、ろうそくの炎で灯し、展示するのが絵金祭りだ。暗闇の中、ろうそくの灯りで浮かび上がる芝居絵屏風は、躍動感があふれ、生き生きとしている。絵金の芝居絵屏風には、ユーモアや皮肉といった表現が含まれている。それらは絵の中心部分ではなく、背景の建物の屋根や、着物の絵柄などに描かれており、その隠された メッセージを見つけることも、鑑賞の醍醐味なのだ。祭りでは、絵をガラスやフレームで囲ったり、覆ったりはしていない。屏風は折って立ててあるので、奥行き感が出て、迫力が増す。こうした2つ折りの屏風を、ろうそくの炎でかざして見るという様式を作ったのは、絵金と赤岡町の人々だったという。

(P194に続く)

その29

ご近所で自分だけの博物館を見つけよう

地元の歴史はご近所の博物館にある

おそらく、地元の図書館にはよく足を運ぶという方は多いだろう。しかし、地元の博物館によく足を運ぶ方はそれほど多くない。ここでは、ご近所にある博物館で新たな楽しみを見つけることをおすすめしたい。

平成30年（2018年）度「社会教育調査」（文部科学省）によれば、日本にある5738の博物館のうち、最も多いのが歴史系で3328館と全体の58パーセントを占める。次に多いのが美術系の1069館で18・6パーセントだ。

我々が暮らす土地の下には、歴史の痕跡が眠っている。ビルや道路などといった町の開発のための工事を行うと、時折、何らかの遺物が出土するのもそれゆえだ。それらが世界または日本の歴史上、どこまで重要であるかはともかく、その地域の歴史の記憶であることは間違いない。それが化石や鉱物であれば、自然史系の博物館が立つことも大いにあり得る。だが、すべての地方公共団体はこうした遺跡から発掘した出土物を必ず有している。

ちなみに戦後の日本には、わずか200館程度しか博物館がなかった。それが1951年に博物館法が公布されたことによって各地で博物館が建設され、今や多くの地方公共団体に、何らかの博物館が存在するという状況になっている。予算などの事情で博物館はなくても、図書館や公民館等の公共施設内に郷土資料室のようなコーナーを設けて史料を保存・展示していたり、あるいは、私立博物館が地元の郷土資料を所蔵・展示している場合もある。

ご近所にある博物館を見つけることは、それほど難しくない。自分が住んでいる市町村のホームページや広報紙などを見れば、必ず博物館の情報は掲載されているはずだ。

同じ博物館でも時が経つと新たな発見あり

筆者の例を紹介しよう。おそらく筆者が生まれて初めて訪れた博物館は、東京・練馬区立石神井図書館の地下にあった「郷土資料室」だ。それほど大きなスペースではなかったが、家から近いこともあって足繁く通い、そのたびに新たな発見があった。

全国的には知名度は高くないが、我が地元、練馬区の石神井公園には、豊島氏が治めた石神井城跡が残っている。同じ石神井公園内の三宝寺池には、最後の城主豊島泰経が黄金の鞍にまたがって入水したという黄金伝説がある。まさに筆者が生活し、何気なく見ていた風景の歴史について、その「郷土資料室」で知ることができたのである。

その後、田無市（現在は西東京市）に転居し、しばらく訪問していなかったのだが、筆者が子どもの頃よく通っていた石神井プールの跡地に2010年、立派な「練馬区立石神井公園ふるさと文化館」ができていたことを知り、大いに驚いたものだ。

さらに小学生の頃、通学路にありながら一度も足を踏み入れることのできなかった日本銀行の運動場が、練馬区に譲渡されており、かつてのクラブハウスが、「石神井公園ふるさと文化館分室」として2014年から一般公開されていたことに時の流れを感じずにはいられなかった。

石神井公園内にある豊島屋ではよく下校時に駄菓子などを買っていた。今も昔と変わらないたたずまいだったが、それゆえにマンガやドラマでヒットした「孤独のグルメ」で紹介され、一躍人気スポットになっていた。店内撮影禁止になっていたのにも驚いたが、冷やかし客を排除するためには、仕方のないことかもしれない。ことほどさように、時代とともに博物館もお店も変わっていくものなのだ。

国立民族学博物館の源流が西東京市（旧保谷市）に

筆者は現在、勤務の関係で京都市内の公務員住宅に住んでいるが、東京の自宅はそのまま残っており、西東京市にある。

西東京市は２００１年に田無市と保谷市が合併して誕生したが、両市には確たる博物館がなかった。１９９４年に小平市、東村山市、清瀬市、東久留米市を含む6市によって「多摩六都科学館」は設置されたが、歴史系の展示はない。唯一、青梅街道沿いで醤油屋を営んでいた小山平左エ門の屋敷跡である向台公園内に、「田無市郷土資料室」があったが、正直、誰も知らないような有様だった。

そんな中、両市合併後、廃校となった小学校校舎を活用して「西原総合教育施設」が整備され、その2階に「西東京市郷土資料室」が開館した。

２０１５年、縄文時代中期の環状集落遺跡である下野谷遺跡が、西東京市初の国指定史跡となったこともあり、下野谷遺跡の出土品の展示コーナーが設置された。夏休みを中心に企画展も開催されるようになっている。

同市に本社があるシチズン時計の有志社員が製作した12の歴史ジオラマの展示も西東京市郷土資料室の見どころだ。奈良時代から明治時代までの郷土の歴史を12のジオラマで紹介しているものだが、なんと約60年前のもので、実に味わいがあっていい。

博物館関係者として注目したいのは、旧保谷市に渋沢栄一の孫で、実業家でもあった渋沢敬三が、同志と共に１９３９年に「日本民族学会附属民族学博物館」なるものを作っていたことだ。それ以前、彼が東京帝国大学の学生だった１９２１年、東京・三田の自邸内で「アチック・ミューゼアム（屋根裏博物館）」を主宰していた。そこでは動植物の標本、民具などを蒐集していたのだが、それらを旧保谷市に作った民族学博物館へ移転させていたのである。

さらに付け加えるなら、その民族学博物館は日本初の野外博物館ともいわれ、「国立民族学博物館」（大阪府吹田市）の源流なのである。現在は、跡地に銘板があるだけだが、西東京市郷土資料室には、当時の様子が伝わってくるジオラマがあり、一見の価値がある。話がそれたが、要は地元の博物館も、こうした新たな変化があるかもしれないので、ぜひ足を運んでみてほしい。

その30

ネットに出ていない資料館や展示室を見つけよう

図書館で『全国博物館総覧』をチェックする

インターネットで何でも情報が検索できると思ったら大間違いだ。小さな資料館や私設の展示室などは、予算や技術的な理由でホームページを開設していないところもある。しかし、案外そういうところに貴重な展示があったりするのだ。以前は、小さな資料館をそれこそ足で稼ぐしかなかったのだが、さすがに今は情報源が多くなり、手掛かりを見つけやすくなった。ここでは、情報を見つける手段をいくつか紹介しよう。

最も原始的な方法はやはり書籍をチェックすることだ。日本博物館協会が編集している『全国博物館総覧』（ぎょうせい）全4巻を見れば、全国津々浦々の博物館、資料館、展示室までもが網羅されている。とはいえ、かなり分厚く、しかも4巻でン万円とかなり高額だ。ここは一つ、近所の図書館で閲覧してみよう。ちなみに、こうした事典的ガイドブックは、『日本全国歴史博物館事典』(日外アソシエーツ)などいくつかあるのだが、やはり高額で、自宅の本棚に揃えるのは厳しい。

そこでおすすめなのが、都道府県ごとに発行している博物館のガイドブックだ。一律に発刊しているわけではなく、出版元も地方新聞社、博物館協会、大手出版社、地方の出版社など様々だが、かなり詳しく情報が掲載されている。

こうしたガイドブックは、町なかにある書店では流通していないことも多い。そこで筆者はミュージアムショップで見かけたら必ず購入するようにしている。ただし、必ずしも情報が最新とは限らないのがネックだ。記載されている情報を手がかりに、改めて電話、もしくはインターネットで自分が求めている情報を確認することが必要だ。

新型コロナウイルス感染拡大以降、イレギュラーな開館時間になっていることも多い。事前にチェックして訪れても、休館していることもある。その時は捲土重来を期すしかない。また次に訪れる楽しみが増えた思うことにしよう。

観光所のリーフレットも貴重

次に役立つのが、各博物館や観光案内所などに置いてあるリーフレットだ。通常は定期的に更新される。その周辺にある小さな個人美術館や、公共施設に併設されている展示室に関する最新情報を入手できるので、筆者は必ずチェックしている。

各博物館や観光案内所では周辺の観光マップももらっておこう。周辺の名所旧跡などに関する情報を得ることができるはずだ。もし、スタンプラリーをやっていたらぜひやってみよう。スタンプを押しながら見知らぬ町を散策してみるのも乙なものだ。目的の博物館を訪れたのをきっかけに、新たにその町の意外な一面を知ったり、その周辺にある博物館や名所旧跡のことを知り、そこを訪れてみるのはなかなか楽しい。

筆者自身は2020年に「内灘町歴史民俗資料館 風と砂の館」（石川県・内灘町）を訪れた時のことが印象に深く残っている。1950年代にこの地で、内灘闘争という戦後初の基地反対闘争があったことはおぼろげながら知っていたのだが、館内の展示でその昔、1925年から1941年までの間、「粟崎遊園」という兼六園の2倍の敷地を誇った総合レジャー施設が内灘町にあったこと、そして、毎年5月に内灘海水浴場で「世界の凧の祭典」を開催していることを知ることができた。

興味深かったのはやはり内灘闘争コーナーで、当時のビラや看板、砲弾を運ぶために道路に敷いた鉄板などが展示されていた。その展示の説明文を読んでいたら、内灘闘争の発端となった、米軍試射場の着弾地観測所や射撃指揮所の建物がすぐ近くに今でも残っているとあった。学芸員の方に尋ねたら、詳しく道順を教えてくれたので足を延ばしてみたのだった。

少し前のことだが、東北のある個人記念館を訪れた際は、生家がどこにあるかと館の方に尋ねたら、わざわざ車で連れて行ってくれた。地元のことに詳しいのはなんといっても地元の人だ。

もし、その博物館の学芸員が不在であったとしても、受付の方にいろいろ聞いてみればいい。優しく教えてくれるはずだ。ちょうどランチタイムだったら「このあたりでおいしい店はありますか」と尋ねてみよう。地元で人気の店を教えてくれるだろう。大きな声ではいえないが、ガイドブックに掲載されている店がおいしいとは限らないのだ。

新館情報は新聞や専門誌でチェック

新たに開館する博物館の情報は、マメに新聞や雑誌などでチェックするしかない。注目されている博物館なら、芸術の専門雑誌「芸術新潮」（新潮社）や「美術手帖」（美術出版社）などでも紹介するだろう。テレビで紹介されることもある。筆者は気になる新館情報の記事や広告を見つけたら、前述の各県ごとのガイドブックに挟んで保存している。そうすれば、次回、その県を訪問する際にチェックして、見落としを防ぐことができるからである。それでも次に訪れた時にはすでに閉館してしまっていることもある。そんな時は「縁がなかったんだなあ」とあきらめるようにしている。

その31

人物記念館は、開館までの経緯を知るとより楽しめる

個人記念館は出身地などに作られる

全国の個人記念館の総合ガイドブックとして『新訂人物記念館事典』(日外アソシエーツ)がある。「文学・歴史編」と「美術・芸能編」があり、合わせて約500館の作家、芸術家、先達の記念館が収録されている。各記念館の設置者は千差万別だが、どうしてその土地にその人の記念館が開設されたのか、その経緯を調べてみると、より一層楽しめる。

一番ポピュラーなのは各地方公共団体が地元の偉人を顕彰したり、ゆかりの有名人をフィーチャーして設置した記念館で、出生地や親戚・縁者の居住地といった縁故のある土地に設置することが多い。

鳥取県北栄町にある「青山剛昌ふるさと館」は、マンガ『名探偵コナン』の原作者であり、同町出身の青山剛昌氏の資料館だ。『名探偵コナン』に登場するキャラクターを資源として町が整備したものだ。鳥取県境港市にある「水木しげる記念館」、宮城県石巻市にある「石ノ森萬画館」も同様で、しかもいずれの記念館も地域振興の拠点にもなっている。

実績を残した著名な相撲力士も、出身地の自治体が中心となって記念館を設置している。実際、1960年代に活躍し、不滅の名横綱と称えられた第48代横綱大鵬は、少年時代を過ごした北海道・弟子屈町に「大鵬相撲記念館」、1974年に第55代横綱に史上最年少で昇進した北の湖は出身地の北海道・壮瞥町に「横綱北の湖記念館」、そして、大相撲の歴史に残るだけでなく、戦前の国民的英雄だった第35代の大横綱双葉山も故郷・大分県宇佐市に「双葉山資料館」がある。プロ野球選手の記念館の多くが私設であることを考えれば、相撲の記念館は自治体が設置することが多いのはやはり国技であるがゆえのことだろう。

個人記念館はかなり〝私的〟

自治体ではなく、自ら個人記念館を作るパターンもあり、プロ野球選手などアスリートに多い。

和歌山県太地町にある「落合博満野球記念館」は、日本初のプロ野球選手個人記念館だ。なんと落合氏本人の別荘も兼ねている。石川県能美市にある「松井秀喜ベースボールミュージアム」、愛知県豊山町のイチローの展示ルーム「アイ・ファイン（I-fain）」はいずれも実父が運営している。沖縄県石垣市にある「具志堅用高記念館」も当初は実父が館長を務めていたが、現在は姉の宮里圭子氏が運営を任されている。岡山県岡山市にある「アニモ・ミュージアム（有森裕子資料館）」は、ご実家に隣接しており、筆者が訪れた際には、中にある喫茶室で実母、広子氏がコーヒーを淹れてくれ、いろいろお話をうかがうことができた。静岡・西伊豆の堂ヶ島にある「加山雄三ミュージアム」は、加山氏が大好きなきれいな海があり、東京にも近く、よくヨットで遊びに来られたことからこの地に自ら建てたそうだ。海を見ながら、「海よ〜♪」と口ずさんでしまうのは筆者だけではないだろう。

経営困難で消えていく記念館も

ただし、民間での経営にはなかなか厳しいものがある。アスリートや芸能人は引退後、その人の活躍を知る世代がどうしても減っていく。当然、記念館への来場者も減少してしまうからだ。

北海道・小樽にあった「石原裕次郎記念館」は、1991年に開館し、石原プロモーションの子会社が経営していたが、来館者の減少に加え、施設の老朽化などを理由に2017年、閉館を余儀なくされた。同じ北海道・函館の複合施設には、函館市栄誉賞を贈られた歌手の北島三郎氏の「北島三郎記念館」と、ロックグループGLAYのオフィシャルミュージアム「アート・スタイル・オブ・グレイ」があった。しかし、来場者の減少などにより、GLAYのミュージアムはすでに閉館している。北島三郎記念館は健在だ。

2008年、女優であり、関西の喜劇を牽引したコメディエンヌ・ミヤコ蝶々の記念館を、自宅を公開するかたちで大阪府箕面市に開館した。しかし、こちらも入場者の減少による財政困難でわずか10年で閉館してしまった。元プロ野球選手、城島健司氏の「城島健司ベースボール記念館」も出身地の長崎県佐世保市に作られ、実父によって運営されていたが、やはり約10年で閉館している。

京都・嵐山にあった「美空ひばり館」は、不動産事業者が経営していたが、来館者の減少に伴い破産し、その後、息子でひばりプロダクション社長の加藤和也氏が約18億円で買い取って、「京都嵐山美空ひばり座」として再オープンしたものの、再び閉館となった。同じく加藤氏が運営する東京・目黒区の居宅を整備した「美空ひばり記念館」も商業地域ではなく、住宅街にあり、条例上50平方メートルの見学範囲という制約があるせいか、かなり苦戦しているようだ。

ファンが記念館を設立する例も

アーティストの場合、相続税対策として財団法人を設立し、美術館や記念館を建てることが多い。美術品は所有しているだけで相当な価値になる。それゆえ、相続税対策をしておかなければ、そのアーティストが逝去後、莫大な税金が遺族を苦しめるのだ。

国税局は、美術品の価値がわかる「美術年鑑」であたりをつけ、相続税の申告が低いと判断されると、美術商を通じて評価額査定を依頼するといわれている。

なお、数は多くないが、縁もゆかりもない土地にファンが記念館を設立する例もある。群馬県前橋市にある「フランク永井鉛筆画前橋展示室」、群馬県館林市にある「ダークダックス館林音楽館」は、熱心なファンが自身の地元に設置した記念館だ。このように開館までの経緯を知ると、いろいろ裏の事情までわかって非常に興味深くなるし、不思議とその記念館に愛着が湧いてくる。

その32

作品キャプションには学芸員の苦労がある

キャプションは多すぎても少なすぎても困る

博物館では、作品一つひとつに解説キャプション（題箋、説明文）が添えられている。読まない人はいないだろう。現代アートだとよくわからない作品ほど「無題」とタイトルが付けられている。そうなるとキャプションを読む気が失せるかもしれないが、それでも作者は誰か、どこの所蔵か、など作品情報を確認したくなる。そう、キャプションという小さな空間には貴重な情報が詰まっているのである。

キャプションの内容は館によって異なるものの、基本的には次のことが書かれている。

● 作品タイトル

●制作された時代
●作者
●作品解説

博物館は実物の様々な作品などを展示する場所であり、解説のキャプションはそれを補助する役割を果たすものである。

ところが、時々、膨大な解説キャプションが、これでもかこれでもかと思うほど文字が多く、並んでいることがあり、辟易することがある。確かに来館者は、その作品の詳細を知りたいわけだから、詳しく説明することは親切なことではある。だが、展示室でひたすら解説を読んで、肝心の実物は一瞥するだけの人を見かけると、何のために博物館に来ているのかといいたくなってしまう。美術作品の場合は特にそうだ。貴重な文化財や名品を自分の目で鑑賞することによって、新たな気づきや発見がある。だからこそ、『なぜ、世界のエリートはどんなに忙しくても美術館に行くのか?』(岡崎大輔著 SBクリエイティブ)のようなビジネス書が売れているのだ。解説を読むだけなら、図録だけ買って帰るか、図書館で本を借りればいい。

一方、情報が少なすぎるのも問題だ。時々高名な建築家がデザインした博物館では、キャプションが足元にあったり、わざわざ見えにくい場所に小さな文字で書かれていることもある。展示学的には、キャプションは作品を干渉しないことが常識なので、作品に没入して鑑賞する効果はあるかもしれないが、経験上、「文字が読めない」という苦情が来ることになりかねない。キャプションは、作品鑑賞を妨げない範囲で、必要最小限の情報を伝えることが求められるのだ。では、キャプションの適切な文字数とはどれくらいなのか。

統一基準は特に設けられていないが、東京国立博物館では、日本語の場合119字以下というルールがある。概ね120～150字程度が標準だ。とはいえ、限られた文字数で作品を説明するのはなかなか難しい。文化財の名称のみ、例えば「銹絵《さびえ》染付《そめつけ》芦雁文《あしかりもん》帆掛舟《ほかけふね》向付《むこうづけ》　京焼」（京都国立博物館）と書かれていても、さっぱりわからないという人も多い。やはりキャプションによる解説は必要だろう。

大人にもうれしい子ども向け解説パネル

最近、子ども向けの解説パネルをわざわざ設置する博物館も増えている。滋賀県近江八幡市にある「安土城考古博物館」では、企画展や特別展の際、子ども向け解説パネルを設置している。100字ほどにコンパクトにまとめたキャプションが、展示内容に合わせてオリジナルキャラクターのイラストと一緒にレイアウトされていて実に読みやすい。しかも子どもたちが理解しやすいよう、文章をQ＆A方式でまとめたり、画像や図と一緒に解説したりと、いろいろ工夫している。難しいことを難しく説明することは誰でもできる。専門的なことをわかりやすく説明するのも学芸員の大切な仕事だ。

「館山市立博物館」（千葉県館山市）の特別展では、正式な資料名とは別に、展覧会の内容に合わせて考えられたキャッチコピーのようなタイトルが付けられていた。これは解説の要約にもなっているため、実にわかりやすい。「富山市科学博物館」（富山県富山市）は、２００７年のリニューアルに際してマンガ解説を導入した。これをひと通り読めば、富山の自然の特徴や人との関わりが理解できるようになっている。「伊丹市昆虫館」（兵庫県伊丹市）は、一つひとつの展示に対して実にユーモアあふれるキャプションが多くて、筆者の好みだ。

多言語表示は、個人的にはコーナーごとの解説だけでもよいのではないかと思っている。今後はむしろ、ＵＤ（ユニバーサルデザイン）フォントや白黒反転文字、点字での印字など、高齢者や視覚障害者に配慮することが必要ではないだろうか。

その33

オーディオガイドは利用するべきか？

あなたは博物館でオーディオガイドを利用するだろうか？　いうまでもないが、オーディオガイドとは、展示物についての音声解説を来館者に提供するサービスのことで、展示物への理解を深め、展示をより楽しんでもらうことが目的だ。筆者は、オーディオガイドを聴くと自分のペースで展示を見ることができず、かえって疲れてしまうので、あまり使わない。また、混んでいる時にケースの前で立ち止まってガイドを聴いている人がいると、ついイライラしてしまう。もちろん、キャプションには限られた文字数の解説しかなく、展示されている文化財や美術品の前で詳しい時代背景や展示物に関する解説を聴くことができるという魅力は大きいが、一方通行であるのが限界であるといわざるを得ない。

ただし、海外の博物館で日本語のガイドが無料（これが重要）で用意されている場合は、たいていは借りてしまう。やはり、異文化の展示に関しては、基礎知識がない場合も多く、日本語で詳しい解説を聞きたくなってしまうのだ。

近年では、多くの特別展でオーディオガイドが用意されており、子ども向けのやさしい解説がなされるものや、多言語対応しているもの、ＡＲ技術によって解説動画を視聴できるガイドなども提供されるようになったのは、望ましいことに違いない。

人気声優や俳優がガイドを担当するケースも増加傾向にあり、それを目的に来館するファンも多いらしい。オーディオガイドのＢＧＭとして使用したオリジナル音楽のＣＤも発売されている。実はこの業界は結構競争が激しく、その結果日本のオーディオガイドは世界的にも特異な発展を遂げているのだ。

また、従来は専用の端末を有料（施設によっては無料）で貸し出し、鑑賞終了時に返却するのがほとんどだったが、最近は自分のスマートフォンで解説を聞くことができる館も増えてきた。スマホ音声ガイドは導入コストが安く、音声や画像、テキストの内容修正や削除・追加が簡単にできる。さらなる進化を期待したい。

その34

トイレやエレベーター、ロッカーも要チェック

トイレだって〝博物館〟

博物館のトイレやエレベーター、ロッカーは一般的に「附帯施設」という。バリアフリーの観点から事前に確認することはあれど、さすがにそこに〝作品〟があるとは誰も思わないだろう。ところが、そうではないところがある。それこそ、まさに博物館の面白さだ。

アメリカのデンバー美術館で、用を足して手を洗おうとしたら、いきなり歌声が聞こえてきて驚いたことがある。試しに隣の蛇口に近づいたら、また別の歌声が聞こえてきた。何の変哲もない普通のトイレなのだが、よく見ると入り口に小さく「Singing Sink」と作品名があった。現代アートの作品だったのだ。

日本では「東京藝術大学大学美術館取手館」（茨城県取手市）の男子トイレのシンクには画家の大藪雅孝氏による「裸婦」が描かれている。マルセル・デュシャンの「泉」という作品は有名だが、「板橋区立美術館」（東京都板橋区）の男子トイレには、この「泉」をモチーフにした牛波氏（NIU-BO）の作品「泉水」があり、実際に用を足すことができる（図1）。

愉快なのは、群馬県太田市にある「縁切寺満徳寺資料館」のトイレ、「縁切・縁結厠」だ（図2）。縁切札は白い厠へ（白紙に戻すという意味）、縁結札は黒い厠へ（白黒をハッキリさせるという意味）それぞれ流し、祈願完了という仕組みになっている。ぜひ世界平和と縁結びをしよう。縁切札・縁結札は1セットで、来館者は「志」のお納めで、郵送の場合は200円を現金書留などで送れば、資料館で流してくれる。

ちなみに、ニューヨークのグッゲンハイム美術館に、イタリア人のコンセプトアーティストマウリツィオ・カテラン氏による「アメリカ」と名付けられた黄金のトイレがあり、用を足すこともできたが、2019年にイギリスで盗難に遭ったらしい。ウンがなかったのだろう。

写真1
牛汲「泉水」（板橋区立美術館）

写真2
群馬県太田市にある
「縁切寺満徳寺資料館」のトイレ

写真3
山極満博「あっちとこっちとそっち／ちいさなおとしもの」（十和田市現代美術館）

写真4
ベルギー・ブリュッセルにある
「世紀末美術館」のエレベーター

写真5
オランダ・ユトレヒトにある
「セントラル美術館」のロッカー

写真6
スイス・ローザンヌにある
「オリンピック博物館」のロッカー

エレベーターだって展示場

エレベーターの中も油断してはいけない。よく展望台に昇るエレベーターで色や映像が変わるように、「いわき市石炭・化石館」（福島県いわき市）や「夕張市石炭博物館」（北海道夕張市）の模擬坑道に向かうエレベーターは、立坑ケージに見立てており、わざとゆっくり時間をかけて降りていくようになっている。音だけの演出なのだが、本当に炭鉱に降りていくような気がしてドキドキさせられる。

「十和田市現代美術館」（青森県十和田市）には、現代美術家・山極満博氏の作品が〝展示〟されている。といっても、うかうかしていると気づかない。そういえば、エレベーターの中に風船が浮いていたなあ、と思って後で確認したら、それが作品だった。しっかり「手を触れないで」のサインもあった（写真3）。山極氏は館内外各所に作品を仕掛けているので、空間をさまよいながらそれらを見つける楽しさがある。しかも、どれも思わずくすりと笑ってしまうユニークなものばかりだ。これはぜひ訪問し、ご自身で確かめてほしい。

このように、展示空間そのものを作品とするインスタレーションという形態をとっている美術館も増えている。時にはエレベーターという空間さえも利用してしまう作品もあるのだ。海外の例だが、ベルギー・ブリュッセルの世紀末美術館のエレベーターは大型で、ソファが置かれていた（写真4）。おそらく作品搬送用を兼ねているのだろうが、スピードがゆっくりなので、案内を見ながらソファで休んでいる来館者が多かったのは面白かった。

ロッカーだって、うかうかしていられない。これまた海外の例で恐縮だが、オランダ・ユトレヒトのセントラルミュージアムは、ロッカーのところどころに作品が展示してあった（写真5）。スイス・ローザンヌのオリンピック博物館のロッカーには、世界中のオリンピアンの名前が記されている（写真6）。日本選手の名前をチェックだ。

その35

展示施設を持たない組織の文化財公開を見逃すな

旧大名家の文化財は特別展を狙え

博物館を経営・管理するためには、人件費や水道光熱費を含め、かなりの費用負担を伴う。そのため、閉館してしまった施設も多い。先祖代々伝えられてきた文化財を維持していくため、展示施設を持たずに収蔵管理に特化して運営している組織もある。

なんといっても多くの文化財を有しているのが、旧大名家だ。幕末・維新期に海外に流れてしまったものも多いが、博物館などに寄贈・売却されたものも少なくない。京都国立博物館でも、2017年に旧淀藩稲葉家伝来のお品を多数ご寄贈いただいた。

財団法人などを組織してこれらの旧大名家に伝わるコレクションを管理している例も多い。その代表格が徳川家だ。徳川宗家（旧徳川将軍家）は、第18代当主である徳川恒孝氏が2003年に財団法人徳川記念財団（現在は公益財団法人）を設立し、徳川将軍家に伝わる江戸時代から明治以降近代における古文書、絵画、調度品などを保護、管理、研究している。かなり垂涎ものの貴重な品々を保有しているのだが、同財団に展示を公開する施設はない。ホームページ上で展覧会や他館での出品協力の案内をしているので、確認するといいだろう。筆者が最近同財団のコレクションをまとまって見たのは、2007年に東京国立博物館で開催された「大徳川展」だが、こうした機会を見逃さないようにしたい。1926年に、加賀前田家第16代当主前田利為氏が設立した財団法人前田育徳会（現在は公益財団法人）は加賀前田家および前田侯爵家が蒐集した文化財を保存しているが、やはり自前の展示施設は有していない。その代わり、石川県金沢市にある「成巽閣」と「石川県立美術館」に長期寄託しており、この2カ所で年間を通して鑑賞することができる。

旧公家の文化財も必見

旧公家に伝来した文化財を所有する組織も、保管や調査研究はしているものの展示施設を持たないところが多い。その代表格が京都の「公益財団法人陽明文庫」だ。

ここでは、五摂家の筆頭である近衛家伝来の1000年以上にわたる古文書、典籍、記録、日記、書状、古美術品など約10万件もの史料を保管している。近衛家の遠祖にあたる藤原道長の自筆日記『御堂関白記』（国宝）は、ユネスコ世界の記憶（Memory of the World）に登録されている。陽明文庫は京都の中でも洛西の歴史的風土特別保存地区にあり、1938年の文庫設立以来の建物である書庫2棟と閲覧事務所、数寄屋造の虎山荘が建っている。原則として一般公開はしておらず、閲覧には紹介状が必要だ。

京都国立博物館では、2012年に「王朝文化の華」と題した「陽明文庫名宝展」を開催し、同文庫所蔵の国宝8件、重文60件を公開させていただいた。今後もこうしたチャンスがあるはずだ。ホームページなどをチェックして、見逃さないようにしたい。

天皇家の私有品は一見の価値あり

現在、皇居東御苑内にある「三の丸尚蔵館」が、国際観光旅客税（出国税）を活用して建て替え工事中で、完成は2025年を予定している。同館の収蔵品は、当初昭和天皇の遺族に継承された御物を除いて国庫に寄贈された絵画、書、工芸品などの美術品類など、約6000点だった。だが、三笠宮家の所蔵品が寄贈され、今や1万点近い美術品類を収蔵している。これらが広く公開されるのはありがたいことだが、御物《ぎょぶつ》はそう簡単には公開されない。

御物とは、いわば日本の皇室の私有品である。皇位の象徴・三種の神器を含むこれらの御物は、皇室経済法7条で「皇位とともに伝わるべき由緒ある物」(『御由緒物』)となっているため、宮内庁侍従職の管理下にある。御物は、主に皇居内の山里御文庫と京都御所内の東山御文庫に保管されている。秋の曝涼の時だけ、専門家に特別な調査が許されるか、もしくは、博物館で特別に展示される以外に公開されることはない。さすがの刀剣女子でも、名刀「平野藤四郎」や「鬼丸国綱」を拝見することはかなり難しい。

毎年、秋に奈良国立博物館で開催される「正倉院展」で公開される正倉院の宝物も、宮内庁侍従職が管理しており、御物とともに勅封扱いとなっている。

勅封とは、天皇の命による封印を意味する。固く折りたたまれた和紙を竹の皮で包み、それに麻縄を巻き、天皇陛下直筆(実際は宮内庁正倉院事務所長などの代筆らしい)の封紙を巻き込んだ棒状のものが、大きな錠前に麻縄でくくりつけられているのだ。

毎年「正倉院展」の開催時には、正装姿の侍従らが手や口を水で清めた後、西宝庫内へ入り、宝物を納めた6つの部屋の扉に掛けた麻縄をはさみで切る「開封の儀」を執り行い、終了後も同様に「閉封の儀」を行っている。

この開封期間中（約2カ月間）に、宮内庁正倉院事務所保存課の職員たちは約9000点にも及ぶ正倉院宝物の一点一点を丁寧に点検し、防虫剤の交換などを行っている。余談だが、正倉院宝物は、かつては校倉造の正倉院正倉（国宝）に納められていたが、現在は1962年に建造された鉄骨鉄筋コンクリート造りの西宝庫に納められている。

正倉院の御物は、どれもみな奈良時代のタイムカプセルのようなもので、当時の生活や儀式が行われていた様子を思わせるのに十分な、想像力を掻き立ててくれるものだ。ふだん公開されていない大名や公家の文化財も、非公開であるがゆえに劣化せずに現代に伝えられてきたともいえる。いずれにしてもこのように1000年に以上の長きにわたって保存されてきた宝物を見る機会を見つけたら、ぜひ足を運びたい。

その36

寺社拝観は「特別公開」を狙え

寺社での国宝保存は難しい

第3章の「その19　特別展にも展示替えがある」で述べたように、国宝・重要文化財に指定されている文化財には、年間の展示制限があるが、所有者であれば、その規定を必ずしも守らなくてもいいことになっている。そもそも寺社では信仰の対象であるご本尊を奉らなければ本末転倒だからだ。

ただ、最近は文化庁の助成を得て収蔵庫を整備しているケースが多く、ご本堂ではなく収蔵庫で拝観ということも珍しくなくなってきた。屛風や襖絵などは、光や温湿度で劣化してしまうため、オリジナルは博物館に寄託し、寺社には高精細レプリカが置かれていることも多い。

世界遺産でもある二条城の「二の丸御殿」（京都府京都市）で見られる障壁画は、そのほとんどがレプリカだ。重要文化財に指定されている実物は、「二条城障壁画 展示収蔵館」に収蔵されている。年4回、御殿の部屋ごと、あるいはテーマごとに、ガラス張りの展示エリアで有料で公開している。

京都の高山寺へ行っても「鳥獣人物戯画」は東京国立博物館及び京都国立博物館に寄託されているので本物を観ることはできない。京都・高雄にある神護寺の「伝源頼朝像」や京都・東山の建仁寺で迎えてくれる俵屋宗達筆「風神雷神図屏風」も本物は京都国立博物館にある。いや、別に国立博物館が悪いわけではなく、それだけ寺社で国宝を保存するのは難しいということなのである。

冬の京都で特別公開を楽しもう

寺社が所有するご本尊などの文化財はやはりそのお寺や神社で拝みたい。それが国立博物館へ行かなければ、本物に会えないというのも寂しい話だ。しかも、博物館へ行ったからといって常に展示されているわけではない。

そこでおすすめしたいのが「特別公開」だ。京都や奈良、滋賀などの比較的観光客が多いところでは、春と秋、すなわち桜と紅葉のシーズンにあわせて、寺社が貴重なご本尊などを特別公開することが多い。

嬉しいのは「特別公開」の際、博物館などに寄託しているものが〝里帰り〟するケースも多いことだ。「寄託」とは文化財の所有権を所蔵者に留めたまま、博物館で保管・展示などを行うことで、所蔵者である寺社が必要といえば、当然、博物館から返却することになる。したがって、レプリカではなく、本物の宝物を拝観したければ、特別公開を狙え！　ということになるわけだ。

とはいえ、桜や紅葉のシーズンの京都の人混みは尋常ではない。そこで、京都では比較的観光客の少ない季節に、「京の冬の旅」または「京の夏の旅」と称して非公開文化財特別公開を企画している。その年によって、拝観できる場所を変え、通常非公開の寺社仏閣、建築、庭園の文化財を期間限定で観ることができるというわけだ。

博物館はともかく、寺社や旧宅などは、長年、京都に住んでいる者でも見たことがない貴重な文化財が公開される。見逃す手はない。奥深い京都を味わう絶好のチャンスだ。

その37

五感を通じて楽しむ博物館

全身で体感できる博物館で五感を研ぎ澄ませ

博物館は、基本的に視覚を通じて楽しむ施設である。

性別や年齢、国籍、障害の有無を問わず、誰もが楽しめる〝ユニバーサル・ミュージアム〟が注目されている。そういったところは手話通訳つきの展示解説、視覚障害者を対象にした「触れる展示」などが多い。だが、〝五感〟には、視覚や触覚だけでなく、味覚、聴覚、嗅覚もあることを忘れてはならない。ここで紹介したいのは、それらを楽しむことのできる博物館だ。

五感を通じて楽しめる博物館として最初に挙げたいのが「感覚ミュージアム」(宮城県大崎市)。まさに、「見る」「聞く」「触れる」「嗅ぐ」といった体験型の展示を通して、日常生活で衰えがちな五感が刺激される感覚を味わい、心のゆとりや豊かさを取り戻すことができる施設だ。

館内は、体を動かしながらその作品を手掛けた制作者と仮想的な対話をする「ダイアローグゾーン（身体感覚空間）」と、光や香り、音を感じる展示を通して想像力を膨らませ、瞑想の世界を体験する「モノローグゾーン（瞑想空間）」、そして、その2つの空間をつなぐ「トラバースゾーン」の3つで構成されている。味覚の展示はないものの、カフェで飲み物を味わえる。〝感覚〟のミュージアムだけにうまく言葉では表せない。とにかく体験してみてほしい。

嗅覚を刺激する博物館でリフレッシュ

香りを展示し、嗅覚を刺激してくれる博物館もある。京都の香老舗・松栄堂が運営する「薫習館」（京都府京都市）もその一つで、「香りのさんぽ」が楽しめる空間があるほか、「香りの杜」と名付けられたコーナーでは、竜脳や桂皮など5種類の原材料の香りを試すことができる。

静岡県磐田市と大分県別府市には、その名もズバリの香りの博物館がある。静岡県の「磐田市香りの博物館」では、有料だが女性は8種類、男性は5種類のベーシックな香りの中から選んで調合する体験ができる。大分県の「大分香りの博物館」では、オリジナル香水や匂い袋作りを体験できる。こちらはアロマルームがあるのが魅力的だ。

少し変わったところでは、第二次世界大戦の戦争遺跡である、「沖縄陸軍病院南風原壕群《はえばるごう》20号」（沖縄県・南風原町）では〝臭気体験〟ができる。南風原壕は太平洋戦争末期、日本軍に動員されたひめゆり学徒隊の女子生徒らが負傷者を看護した場所だ。南風原町は「臭いも言葉ではない証言の一つ。戦争や平和について考え学ぶことに役立ててほしい」という思いから、元学徒らから聞き取り調査し、「汗や血液、薬品、排せつ物が入り混じった臭い」を埼玉県内の企業に研究委託して再現したのだ。事前予約制の壕内見学者のうち、希望者のみ屋外の待合スペースで小瓶に詰めた臭気を嗅ぐことができる。なかなか刺激的だが、人体や環境に影響のない成分を使用しているので安心だ。

壕内の見学は、ヘルメット着用の上、懐中電灯を使用し、常駐ガイドが案内してくれる。子どもにはおすすめしないが、ぜひ体験してみてほしい。

音の博物館で聴覚を鍛える

聴覚を刺激してくれる音楽博物館は、楽器博物館を含め全国に80館ほどある。音を楽しめる展示も多い。そんな中からちょっとユニークな音の博物館として、「音戯《おとぎ》の郷」（静岡県・川根本町）と、「音浴博物館」（長崎県西海市）を紹介しよう。

音戯の郷は、豊かな自然の中にある道の駅奥大井音戯の郷に位置する。入館時に受け取った聴診器で様々な音を聴いて楽しめるようになっている。さらにオリジナル音具《おんぐ》を製作できる工房があったりと、音の不思議を全身で楽しむことができる体験ミュージアムだ。ついでに近くを走る大井川鐵道のＳＬも乗車したい。

音浴博物館は、アナログレコード16万枚以上を所蔵し、エジソンが発明した蝋管式蓄音機・再生装置はじめ1世紀以上経った演奏機も展示されている。展示のレコード、ＳＰ盤なども原則自由に試聴可能だ。もともと岡山県倉敷市で個人の方が大きな倉庫を借りて運営していたが、倉庫が取り壊されて駐車場になることになってしまい、インターネットで全国の自治体に場所の提供を呼びかけた。そのことを知った長崎県が受け入れ、西海市内の廃校になった分校校舎を改修して、開館にこぎつけた。現在は、ＮＰＯ法人推敲の森実行委員会が運営している。

その38

フード・テーマパークは食を味わう博物館

継続が意外に難しい食の博物館

飲食物の製造・販売を行っている企業や店舗などが資料室を併設している例は従来から数多く存在したが、「博物館」であることを前面に押し出して経営を行う例は、最近の傾向と思われる。

先鞭をつけたのが1993年にオープンした「新横浜ラーメン博物館」（神奈川県横浜市）だろう。ラーメンの歴史と文化がわかるギャラリーがあり、昭和30年代の下町を再現したジオラマも展示している。そして体感ゾーンに行けば、全国各地の有名ラーメン店の味を楽しむことができる。

とはいえ、その多くはいわばフード・テーマパークのようなもので、結局、長くは続かないケースは多い。2015年に閉館してしまった京都・祇園の「うどんのミュージアム」もその一つで、日本全国のご当地うどんが食べられるというのがウリだった。全国各地のうどんを提供する以上、それらの情報収集や研究は当然していただろうが、それは飲食店として必要不可欠な料理の素材やレシピの習得であって、博物館活動としてのそれとは大きく異なる。2001年にオープンした「横濱カレーミュージアム」（神奈川県横浜市）は全国の個性的なカレー店を一堂に集結させ、カレーの歴史などに関する展示コーナーも設けていた。当時は話題になったが、わずか6年で閉館してしまった。

福井県小浜市にある「御食国《みけつくに》若狭おばま食文化館」は食の博物館の一つの理想形だろう。来場者は、ミュージアムで小浜の食にまつわる歴史・文化、伝承料理を学習し、実際に鯖寿司やでっちようかんなどの郷土料理づくりを体験することができ、別館では地元の産品を使った食事も楽しめる施設となっている。

フード・テーマパークが安易に「博物館」や「ミュージアム」を名乗るのは個人的には感心しない。しかし、あくまで食文化を楽しむ場所と割り切れば、案外、それはそれでいいのかもしれない。大阪と東京・お台場にある「たこ焼きミュージアム」も実際、様々な味で楽しませてくれるわけだから。

その39

まちかど博物館を訪ねよう

旅先で見つけたら立ち寄りたい「まちかど博物館」

伝統的な老舗店舗の店先や稀少な歴史的建造物などの一角を活用した「まちかど博物館」は各地に存在する。各地域でそれぞれが所有している文化遺産を誰もが気軽に見ることができる。運営に携わるのは基本的に地域の市民の方々で、学芸員を配置しているわけでもなく、ほとんど調査研究も行われていないので、その多くはいわゆる博物館法上の「博物館」の定義にはあてはまらない。

しかし、そこで実際に生活する市民の方々が、自身が生活や仕事で使っている建物や道具、またそこでの暮らし、作っているものについて説明をしてもらえるという点では、まさに〝生きた博物館〟だ。実は日本の「まちかど博物館」は特異な発展を遂げており、台湾でも参考にされているほどである。

とりわけ「まちかど博物館」で有名な三重県の例を紹介しよう。

三重県では、まちかど博物館推進委員会をそれぞれの地域に設置し、委員会の認定を受ければ、誰でも自宅や仕事場でコレクションなどを公開できるようになっている。

「まちかど博物館」の認定基準としては、一貫性のある個人コレクションであること、地域の伝統に根ざした工芸で製造過程も見学できること、独自の建築様式の建物であり、それが見学できることなどがある。面白いのは「商品知識が豊富で、館長としてふさわしい人のいるところ」という条件があるところだ。これは訪ねていく我々にとっては非常に大切なことだろう。

ちなみに三重県の「まちかど博物館」には次のようなものがある。ネーミングセンスもなかなかのものだ。

生命を育むやさしさの博物館（薬局）、ひと昔前の我楽多博物館（呉服店）、甘いものおまかせ博物館（製菓店）、なつかしの下駄屋博物館（はきもの店）、参宮地酒博物館（酒造）、伊賀焼職人博物館　常山窯（陶芸窯）佐那文庫（お寺）、万協フィギュア博物館（製薬会社）、ホットするお風呂屋さん博物館（銭湯）、古時計再生工房　澤田時計店（時計店）、花峰木彫博物館（木彫工房）などなど……。

もちろん、純粋な個人コレクションや歴史的建造物を公開しているところもある。ほとんどが予約制だが、店舗の軒先に展示されているところならいつでも見学できる。ただ、いったん店に入ると何かを買わなくては…と思ってしまうのが人情というもの。その判断は、あなたに任せよう。

東京都内にも数多くある

名称は各地でそれぞれ異なるものの、東京都内でも同様の取り組みが行われている。

墨田区では、墨田区の産業ＰＲとイメージアップ、地域活性化を図ることを目的に、１９８５年に「すみだ３Ｍ（スリーエム）運動」をスタートさせた。３Ｍとは、「小さな博物館」（Museum）、工房と店舗の機能を備えた、製造と販売が一体化した「工房ショップ」（Manufacturing shop）、そして付加価値の高い製品を創る技術者である「マイスター」（Meister）の３つの頭文字である。

３Ｍを有機的につなぎ合わせることで、墨田区のものづくりの素晴しさや大切さをアピールしていこうとしたわけだ。２０２１年3月時点で、区内には24カ所に「すみだ小さな博物館」があり、それぞれ墨田区の産業や文化に関連する製品、道具、文献・資料コレクションを工場、作業場、民家などの一部を利用して展示している。

新宿区では、区内の文化財や史跡、伝統産業を担っている職人の仕事場などを「ミニ博物館」として公開しており、お寺や神社の文化財もある。その一つ、「つまみかんざし博物館」は、工房の軒先に展示している。筆者が知る限り世界最小の博物館だ。

中央区は、地域の文化資源を「まちかど展示館」として整備し、開設している。展示館は、小さな老舗内の伝統工芸品を飾ったショーケースから企業のものづくりや歴史を紹介するものや、下町の祭事に使用する神輿など、展示するものも規模も千差万別だが、江戸開府以来400余年の歴史と伝統を誇る中央区の文化を各館で堪能できる。

京都・奈良の「まちかど博物館」

歴史といえば、奈良・京都も負けてはいられない。

奈良市では、伝統工芸の工場や商店などを開放する「奈良まちかど博物館」を2003年にはじめた。最初に認定されたのは近鉄奈良駅北側の奈良町北エリアで、「きたまちまちかど博物館」

として一刀彫や鹿の角細工などの工芸店や商店を整備して一般公開。その後、「田原やま里博物館」、「柳生ロマンの里博物館」、「ならまちまちかど博物館」をスタートさせた。いずれもまちの人たちがボランティアで館長を務め、観光客を温かく迎え入れてくれる。ただし、どこもその館長の仕事場であり、生活の場なので、予約を入れてから訪ねるようにしよう。事前にネットでも確認できる「まちかど博物館」イラストマップでチェックしておきたい。

京都市内もいくつかまちかど博物館的な施設がある。ここでは京町家のたたずまいの中で油の販売を行いつつ、江戸時代創業の店に残る数々の油の道具を展示している「西川油店」を紹介しよう。江戸時代、多くの人が出入りする幹線道路だった油小路通りに面し、現在も油専門店として厳選した多種類の油を販売している店内には、菜種油の製造に使われた臼や搾油道具、行商用の桶、量り売り用のじょうごや升など60点以上の資料が展示されている。これらの道具類にはどれも油が染み込み、職人たちによって長年使い込まれたものばかりだ。これまで廃業していった油店の道具類は、みな燃やされ廃棄処分されたというから、後世に残すべき貴重な資料だ。展示資料には名前だけが表示されているが、説明を聞かないとそれ以上の情報は得られない。まちかど博物館は見ているだけでは面白くない。話を聞いて、生活文化の歴史を感じとろう。

column

絵金祭り 2

（P148の続き）

貴重な絵をこんなに火に近いところにおいて、しかも群衆の前で展示して、保存上大丈夫なのだろうかと、博物館関係者としては心配になってしまう。しかし、絵と町が一体化しているところが絵金祭りの魅力で、そういうやぼな意見は無用ということなのだろう。

絵金の描く赤は、その鮮やかさから血赤と呼ばれていて、その赤が魔よけとして家を守ってくれると信じられていたという。2005年2月には、「絵金蔵」という絵の保存も兼ねた施設が完成した。本物の絵金の絵を祭り以外でも見られ、今後も祭りで楽しめるように保存体制を整えている。つまり、絵金祭りの日以外は、しっかりした環境に保存されているわけだ。また、その向かいには絵金歌舞伎などを楽しむ「弁天座」（高知県香南市）もあり、筆者も市民が演じる歌舞伎を楽しく鑑賞したことがある。この雰囲気は現地で体験しないとわからないだろう。

第5章

京都国立博物館のひみつ

その40

方広寺の史跡の上に立っている

筆者が勤めているのは、1897年に開館し、120年余りの歴史がある京都国立博物館だ。長い歴史の中には、知られざる様々なドラマがあった。ここではまず、京都国立博物館の歴史から紹介したい。なお、この章では略して「京博」と称させていただく。

京博は秀吉が建立した方広寺跡

京博は、1889年に「帝国京都博物館」として、帝国博物館（現東京国立博物館）、帝国奈良博物館（現奈良国立博物館）とともに法令上設置が決まり、その翌年に「七条御料地」だった場所に敷地が決定された。

「御料地」とは皇室の所有地のことだ。1890年当時は、現在の京博の敷地の東半分が民有地、西半分は「旧恭明宮跡地」で、1870年の神仏分離により、歴代天皇の位牌を京都御所から移して霊牌殿を設けた「恭明宮」が1876年まで置かれていた（この霊牌殿は、その後泉涌寺に移管された）。同時に高齢などが理由で天皇とともに東京に随行しなかった宮中女官のための居住施設も兼ねていたことがわかっている。

それ以前、京博のある場所は、方広寺の旧境内であった。太閤秀吉が自ら発願した大仏（盧舎那仏）を安置するために建てた、あの方広寺である。今でも「国家安康　君臣豊楽」の銘文のある梵鐘（重要文化財）を見ることができる。また、往時の名残で、京博の西南角には「大仏前交番」があり、少し先には「大仏前郵便局」もある。当時の方広寺の敷地は実に広大で、京博だけでなく、現在の妙法院や三十三間堂、豊国神社など周辺寺社の敷地をも含むものだったのである。現在も京博の西側に見られる巨大な石塁（国指定史跡）は、秀吉配下の諸侯たちが命を受け、各地から巨石を集めて献上してできたものだ。

余談だが、大仏殿跡地は現在、緑地公園となっており、筆者が執務する副館長室からよく見える。近所の方が犬を連れて散歩したり、幼稚園児が遊びにくるなど、穏やかな癒しの風景を毎日眺めている。あの幼稚園児たちが、実は日本史上、重要な史跡の上で遊んでいたと気づくのは、10年後のことだろうか。なお、京博ではＶＲで大仏殿を復元するプロジェクトを進めている。

2022年には完成する予定だ。

2021年に発掘された方広寺の築地塀の礎石

平常展示館として2013年に竣工した平成知新館があるのは、ちょうど方広寺の南門にあった場所だ。入口東側の水盤内、グランドロビー内に円環（リング）がある（写真1）。これらは工事の際、発見された方広寺の南門や回廊柱跡を示したもので、この下に遺構が眠っている。

平成知新館前にある石垣も、方広寺遺構に残された石垣に合わせて設置されており、その先に前述の石塁が続いている。西の庭の屋外展示には、大仏殿所用の鉄輪や敷石がある。

京博では現在、本館の免震改修工事に向けて本館の発掘調査を行っているが、2021年2月、本館東側から、秀吉時代に造られた方広寺の築地塀の礎石が発掘された（写真2）。築地塀そのものは1596年の慶長伏見地震で倒壊したとされているが、その礎石が発掘されたのだ。掘れば必ず何か出てくるのが京都なのである。

さらに深く掘れば、鎌倉時代の六波羅政庁（西国の御家人や朝廷を監視する役所）跡や平安時代の法住寺殿（後白河上皇の院庁）跡の遺跡も出土する。

写真1
平成知新館入口の水盤内にある
方広寺の回廊柱跡を示すリング

写真2
2021年に出土した秀吉時代に造られた
方広寺の築地塀の礎石

その41

京博を設計した片山東熊は元長州藩士

京博の本館を設計したのは、明治時代を代表する建築家で、当時宮内省内匠寮《たくみりょう》技師だった片山《かたやま》東熊《とうくま》（1854～1917）である。本書を手にした機会に、片山東熊という人物について学んでおくことも悪くないだろう。

迎賓館を完成させたのも片山だった

片山東熊は山口県萩市出身の元長州藩士である。関東出身の筆者は、奥州にシンパシーがあり、薩長にあまりいいイメージは持っていないのだが、それはともかくとして、片山は奇兵隊に入隊し、戊辰戦争でも戦っている。

東京・霞が関の文部科学省庁舎付近にあった工学寮工学校（後の工部大学校）に第一期生とし

て入学し、そこでイギリス建築家、ジョサイア・コンドルに学び、西洋建築の高度な知識と技術を習得した。コンドルは、帝国博物館（現在は東京国立博物館、関東大震災で倒壊）を設計するなど、明治以降の日本の建築界の礎を築いた人物である。

片山の同期に辰野金吾や曽禰達蔵らがいる。どちらも建築関係者にとって有名人だ。

片山は１８７９年に卒業後、工部省へ入省し、恩師コンドルが設計を手がけた日本の皇族の第一人者、有栖川宮熾仁親王《ありすがわのみやたるひとしんのう》邸の建設を任され、翌年に熾仁親王の公務に随行し、ヨーロッパ９カ国の宮殿を視察した。約１年間、欧米に滞在して室内装飾品の調達を行い、ルネサンス様式の壮麗な熾仁親王の邸宅を完成させている（東京・霞が関にあったが、１９４５年東京大空襲で焼失）。

その後、皇太子殿下のご成婚に際し、東宮御所建設計画の技術部門のトップである技監に任命され、実に10年の歳月をかけて東宮御所を完成させた。これが日本初の宮殿建築となった現在の迎賓館赤坂離宮（国宝）である。まさに明治の洋風建築の到達点である。

再開が待ち遠しい本館（明治古都館）

京博は、本館（明治古都館）をはじめ、表門（正門）と札売場《ふだうりば》及び袖塀《そでへい》が１９６９年に重要文化財に指定されている。本館の中央ホールは、列柱廊を配するなど格式高い作りになっており、真っ白な漆喰塗りの内装で、宮殿風の建築でありながらもあえて控えめで落ち着いた雰囲気になっているのが特徴だ。2019年のICOM京都大会の閉会式はここで行われた。玄関の上には博物館の名前を刻んだレリーフが飾られている三角屋根（破風）があり、仏教において彫刻や建築などを司る神である毘首羯磨《びしゅかつま》と芸能の女神である伎芸天が描かれ、和洋折衷を感じさせる面白いポイントになっている。

なお、本館は耐震工事のため現在、一般公開はしておらず、工事が終わって通常公開されるのは2028年以降になりそうだ。

ちなみに本館と正門の4年間にわたる建築工事に使用された図面630枚も残され、重要文化財の附《つけたり》となっている。あまり気づかれないかもしれないが、袖塀は札売場から敷地沿いに伸びており、七条駅から歩いて来られる方は、これを眺めながら当館に到着することになる。東京国立博物館（表慶館）及び奈良国立博物館（なら仏像館）も片山東熊の設計であり、いずれも現存している。

column

「附」とは

博物館のキャプションで、「国宝」や「重要文化財」という表示の下に「附」と書いてあるのを見たことはないだろうか。よく建築図面等で見かけると思うが、「附」と書いて「つけたり」と読む。附指定は、本体の文化財と一体で指定されるもので、保護の対象として本体と同じ効力を持つ。具体的には、建造物の場合は棟札《むなふだ》や建設関係文書、大工道具など。建築の建立年代や建設の経緯を示す貴重な資料となっている。京博の本館も建築工事図面や棟札、模型などが附指定されている。美術工芸品にも附指定があり、例えば「雪中帰牧図」（大和文華館）は対幅になっているが、1幅（騎牛）が国宝で、もう1幅（牽牛）は附になっている。後者は筆跡などが異なり、別人による写しではないかとされているからだ。同様に、運慶によって造立された八大童子像（高野山霊宝館）は、六躯が国宝だが、後補と思われる二躯は附になっている。「縄文の女神」として知られる国宝土偶（山形県立博物館）も、同時に出土した「土偶残欠」42点が附となっている。

その42

なぜ京博にロダンの像があるのか？

「考える人」は本物だがオリジナルではない!?

京博はそもそも日本や東洋の美術を専門としているという大きな特色がある。しかし、2ページの写真のように、京博を象徴する写真には本館を背景に沸き上がる噴水とオーギュスト・ロダンの「考える人」の像のシーンがよく使われる。国立民族学博物館長だった梅棹忠夫氏には「京都の博物館がロダンの彫刻で有名なようでは、日本文化も地に落ちた」と酷評された。(『京都案内—洛中』岩波写真文庫)。なぜ京博にロダンの像があるのだろうか？

「考える人(Le Penseur)」は、もとは「地獄の門(La Porte de l'enfer)」という作品の一部であったものを独立させ、大きく鋳造したものだ。京博の「考える人」像は、よく「本物ですか？」という質問を受ける。「オリジナルはどこにあるのですか？」という質問もあるが、正解をいうと、「本物ですが、オリジナルではありません」ということになる。ブロンズ像はまず粘土で塑像（原型）を創り、その塑像から石膏などで型を取り、その型に鋳造所の職人たちがブロンズを流し込んで制作するため、オリジナルの塑像というものは基本的に現存しないからだ。

「それでは、いくらでも同じものが作れてしまうではないか」と思うかもしれないが、通常はあらかじめ作者が1つの原型から何体まで制作してよいかを決めておくものなのである。「考える人」は、日本では京博と「国立西洋美術館」（東京都台東区）、「長島美術館」（鹿児島県鹿児島市）、「西山美術館」（東京都町田市）のほか、民間所有のものが2体ある。その6体以外のものは、死後鋳造であると考えていいだろう。

篤志家のお陰で「考える人」は京博で生きることに

京博にある「考える人」は、戦後、同じくロダン作「アダム」像とともに、兵庫・神戸の松浦卓氏という人物から、当時の恩賜京都博物館に寄託されたものだ。

ところが、1950年3月、富裕税が施行され、松浦氏はこれらの所有者として税を負担しなればならなくなったため、京博に「考える人」と「アダム」両像の買い取りを求めた。しかし、戦後の厳しい国家財政の中、政府買い取りは難しかったため、当時の京都市長は、市の予算範疇外での購入を計画し、新聞社から360万円の寄付を仰ぎ、それを「アダム」購入費に充当した。「考える人」について政府が、購入費を計上したものの、買取希望金額の700万円に届かなかった。それでも松浦氏が、「文化は人類の共有財産である」と美術品を競りにはしないで京都に残せる方法を思案していたところ、京都の寳酒造（現在は宝ホールディングス）会長の大宮庫吉氏が不足分を私財で払おうと提案され、作品を買い取り、京博にそのまま譲渡してくれたのである。大宮氏という篤志家の存在によって「考える人」は、当館に残ったのだ。

ちなみに、ロダン像の設置前は京博の敷地内は無料開放されていたが、1950年に像を設置して以降、有料になった。「アダム」像は京都市役所前の設置を経て、2021年、「京都市京セラ美術館」が所蔵している。

column

博物館のゆるキャラは大人気！ 1

今や日本ではブームを超えて社会現象ともなっている「ゆるキャラ」。地方自治体や企業・団体だけでなく、ミュージアムや史跡などの館キャラも活躍し始めているのはご存知のとおりだろう。京博でも「トラりん」がＰＲ大使に任命され、人気を博している。トラりんの正式名は「虎形琳ノ丞《こがたりんのじょう》」で、名付け親は佐々木丞平前館長。「竹虎図」を描いた尾形光琳の幼名「市之丞」から名前を拝借している。そもそも京博は、以前の来館者層は40～60代が中心だった。それがトラりんが登場してから20～30代の来館者が増えてきた。コロナ禍以前は毎週末、１日5回、館内や庭園に登場して来館者と触れ合い、様々なイベントにも参加していたのも功を奏した。特別展の魅力をわかりやすく伝えるブログやツイッター、フェイスブックも人気を集めている。館内には「トラりんポスト」があって、手紙を書くと、返事が届くこともある。ちなみに、トラりん宛の年賀状の数は筆者よりも多い。

（P218に続く）

その43

河合隼雄の京都長官室は、京博にあった

京都での執務が文化庁長官にする条件だった

臨床心理学者として有名な河合隼雄氏は、２００２年1月から２００７年1月まで第16代文化庁長官を務めていた。最近は政府の方針で民間人の起用が続いているが、民間から文化庁長官に就いたのは、初代の今日出海《こんひでみ》氏、第7代の三浦朱門氏に続き、河合氏は17年ぶり3人目のことだった。その河合氏の長官室分室が京博にあったのである。

どういう経緯で河合氏が文化庁長官に就任することになったのかは知るよしもないが、河合氏の長官就任の条件は、「京都でも執務できること」だったらしい。そこで長官室分室が設置されたのが、京博だったのだ。

河合氏は、文化行政の東京一極集中を懸念し、京都を「西の活動拠点に」と希望したといわれる。ちなみに、当時長官の河合氏を支えたのが銭谷眞美次長で、現在、東京国立博物館長を務めている。文化庁長官室分室は、京博の事務棟（平成知新館完成後は文化財保存修理所の分室として使用）3階に開設された。広さは約33平方メートル、秘書としてスタッフが一人常駐した。

事務棟は、もともと京都市の東山区役所だった建物で、東大路通に面している。河合氏が分室で執務していると、関西の文化人や行政関係者が頻繁に来室したらしい。河合氏の長官退任後も、分室は文化庁の「関西元気文化圏推進・連携支援室」という名称で存続した。２０１４年には名称が「文化庁・文化芸術創造都市振興室」に変わり、２０１７年、地域文化創生本部に引き継がれた。この部屋は現在、空き部屋となっているが、分室の存在が文化庁と関西の人や組織とのつながりを深めたことは間違いない。

河合長官の執務室が文化庁の京都移転の引き金

いよいよ２０２２年度中に文化庁が京都に移転する。当時の地方創生担当大臣・石破茂氏が、政府関係機関の地方移転について提案を募集したのが２０１５年3月のことだ。42道府県から69

機関への誘致提案があったが、実現したのは文化庁の京都移転だけであった。政府の地方創生総合戦略によって、京都の長年の悲願がかなったといっていい。

直接聞いたことはないが、今でも京都人は「天皇さんは、ちょっとお留守したはるだけや」と思っているという〝都市伝説〟がある。また、「双京構想」という皇室の一部の京都移住を目指す動きは今でもある。世界歴史都市連盟（The League of Historical Cities）の会長都市を京都市が務めるなど、世界の文化都市であることが古都京都の矜持なのである。

河合氏が長官時代、京都に執務室を設けたことが、文化庁の京都移転の導線となったことは間違いないだろう。

その44

全国の国宝・重文を修理する文化財保存修理所

京博本館の裏手に、「文化財保存修理所」がある。

建造物を除く有形文化財の保存修理、模写及び模造にあたる民間の修理技術者に安全な環境と有効な設備を提供するため、日本初の総合的文化財修理専用施設として１９８０年７月に誕生した。京博の館蔵品だけを修理するのではなく、全国の国宝・重要文化財を修理するために設けられた施設である。

２０２０年に開所40周年を迎え、京博ではこれを記念し、同年12月から4カ月間、特別企画「文化財修理の最先端」展を開催した。修理所は、通常は非公開となっているが、将来的には見学通路を設けた新たな施設に改修することが、筆者の夢である。

修理所では昔からの京の職人が活躍

指定文化財は修理監督が必要なこともあって、戦前から国立博物館では施設の一部を民間の修理工房に貸与する方法などで対応していた。

京博では1951年、正式に修理所が設置されたものの、土蔵を改修しただけのもので十分ではなく、現在も残る「技術資料参考館」(登録文化財)でも書画や彫刻の工房が使用していたが、狭隘であることが課題であった。それだけに1980年にX線室、化学処理室、殺虫室などを備えた「文化財保存修理所」を完成させることは京博のみならず、文化庁にとっても悲願だったのである。

京都には昔から表具師や経師屋など、修理専門の業者が数多く存在したことから、国は修理技術者を直接雇用するのではなく、「事前確認公募」という制度によって、優秀な業者を選定し、修理所に入居してもらうシステムをとっている。国費が投じられた国の指定文化財を修理するため、賃貸料は今も徴収していない。

現在、入居しているのは、公益財団法人美術院(彫刻)、松鶴堂(書画・染色)、光影堂(書画)、岡墨光堂（書画）、修美（書画）、六法美術（模写）、そして国宝修理装潢《そうこう》師連盟（書画）の7工房である。

装潢修理技術は、国の選定保存技術に選定されており、2020年12月に、「伝統建築工匠の技」を構成する17の技術の一つとして、ユネスコ無形文化遺産に登録された。

国宝・重文の所有者は勝手に、修理することができない

国宝・重要文化財の所有者は、文化財保護法に基づき勝手に修理することができない。まず行政機関と相談して修理業者を決め、契約を結ぶ。そこで所有者には国庫補助金（最大85パーセント）が交付される。京博では、所有者から作品をいったん京博に寄託してもらい、それを修理所に転貸するかたちにしている。修理所には京博の職員が常駐しており、ほぼ毎月、館長などが巡回し、定期的な環境調査も行っている。文化庁の文化財調査官も修理監督でひんぱんに訪れており、文化庁の京都移転によって、より一層所蔵者と修理業者、そして国及び国立博物館との連携が強化されることになるだろう。なお、未指定文化財でも許可を得て修理所での修理を受け入れることは可能である。

その45

東博との違いから京博のひみつが見える

同じ国立博物館だが、東京国立博物館（東博）と京都国立博物館（京博）はずいぶん違う。歴史が違うのはもちろんだが、もう少しその理由を深堀りしてみよう。

館蔵品で一番は東博だが、寄託品の日本一は京博

2019年9月、ICOM京都大会開催記念特別企画「京博寄託の名宝―美を守り、美を伝える―」展が開催された。京都・神護寺の「伝源頼朝像」や建仁寺の「風神雷神図屏風」（俵屋宗達筆）をはじめとする名品の数々を寄託品だけで構成し、平常展料金で見学できたが、なぜ、ここまで京博には寄託品が多いのだろうか。

国立文化財機構は、東京、京都、奈良、九州と4つの国立博物館を設置している。このうち九

州国立博物館は、2005年に開館したばかりなので、館蔵品も1279件（国宝4件、重文42件）と少ない。

それ以外の3館は、東博11万9871件（国宝89件、重文646件）、京博8130件（国宝29件、重文200件）、奈良博1911件（国宝13件、重文114件）と、数字を見れば、東博が圧倒的に多いことは一目瞭然だろう。これは、東博が日本で最も歴史が古く、全国に博物館が整備されていない時代から全国の貴重な文化財を公開していたからに他ならない。

一方、京博及び奈良博には、主に廃仏毀釈の波を被った京都や奈良の宝物を守るために設置されたという歴史的背景がある。それゆえ、寄託品の数でいうと東博が2591件（国宝52件、重文245件）なのに対し、京博は6520件（国宝88件、重文615件）と断トツで多くなるわけだ（件数はいずれも2020年3月31日現在）。それだけ京博は寺社などからの厚い信頼を得て、数多くの寄託品を保存、修理することによって、ナショナルセンターとしての役割を果たしてきたということになる。

戦前までの京博は、館蔵品購入のための予算を持っておらず、社寺などから寄託や寄贈が行われるのを待つ他なかったが、戦後、国立博物館に復帰してからは、館蔵品購入のための独自予算が計上されることになり、文化財保護委員会（後の文化庁）購入によって国有となった文化財の一部が、管理換によって館蔵品に加わるシステムが整えられた。

２００１年に独立行政法人化して以降は、基本的に指定文化財は国（文化庁）が直接購入し、国立博物館はそれぞれのコレクションを充実させる観点から購入を行っている。「文化庁蔵」というキャプションを見たことがあるかもしれないが、これは独立行政法人化によって国から管理換しなくなったためだ。ただし、文化庁は自ら文化財を保管できる施設を持たないため、これらはふだん東博の収蔵庫にある。

京博には安土桃山時代がない

東博と京博とでは、微妙にキャプションの時代表記が違っている。東博は基本的に学校の教科書で学ぶような政治史の時代区分であるのに対して、京博は文化史または美術史の時代区分になっている。

どういうことかというと、ご存じのように１６０３年、徳川家康が征夷大将軍に任命されたことで江戸幕府が開かれ、江戸時代が始まるというのが一般的だ。しかし、京博では、江戸時代は１６１５年から始まっている。なぜかというと、１６０３年の時点では、まだ豊臣家が存在しており、徳川家康は征夷大将軍ではあるものの、五大老という豊臣家家臣の立場にあり、織豊文化が京には残っていたからだ。豊臣家が滅んだのが1615年の大坂夏の陣であるため、それ以降を文化史的には江戸時代と京博では表記しているのである。

学校の教科書では、1568年の織田信長の入京から1603年の江戸幕府の開府までを「安土桃山時代」と表記しているが、京博では、足利義昭が信長に追われ室町幕府が滅びた1573年から1615年までを「桃山時代」と表記している。「安土」がないのだ。豪壮な天守を誇った安土城が存在したのは、1576年の築城開始から本能寺の変後の1585年の廃城までのわずかな期間で、秀吉によって1594年に築かれた伏見城の時代の方が長く、かつ華々しい文化が展開されたからに他ならない。とはいえ、寛永年間（1624〜1644）を桃山時代として扱うのが適切であるという学説もあるので、なかなかスッキリとしないのが美術史の区分なのだ。

そういえば、鎌倉時代は源頼朝が征夷大将軍に任じられた1192年、すなわち「いい国作ろう鎌倉幕府」から始まると学校で暗記した人も多いはずだが、最近は源頼朝が全国に守護・地頭を設置した1185年からとする学説が有力だ。国宝の「伝源頼朝像」も、足利直義像であるとの説が有力になっている。研究の進展によって、時代の認識も変わっていくのは面白い。

column

博物館のゆるキャラは大人気！ 2

（P207の続き）

ちなみにトラりんグッズは、すべて京博の「文化財保護基金グッズ」になっていて、売上げの5パーセントが自動的に寄付金として基金に組み込まれる仕組みになっている。オンラインショップも含め、小さなぬいぐるみは月に300個以上の売上げがあるのだ。筆者としては本来コレクションでもないものをミュージアムグッズとして販売するのは内心忸怩たるものがあるのだが、モデルとなった「竹虎図」は館蔵品のため、単にロゴマークが入っているだけのノベルティグッズとは一線を画しているという自負がある。実際、「竹虎図」の絵ハガキなどの売行きも伸びている。カフェやレストランで、「トラりんパフェ」や「トラりんラテ」などを提供したこともあり、こちらも好評だった。

京博の「トラりん」の例のみ挙げたが、ゆるキャラの中でも博物館のキャラクターは、コレクションを擬人化したり、活動場所がほぼ博物館に限定され、いろいろこだわりが多い点で、独特な存在なのだ。

※本書に掲載の博物館について、営業状況、休館日、営業時間など掲載内容と異なる場合がございます。事前に最新情報のご確認をお願いいたします。

第6章

厳選！ ニッポンの行くべき博物館20

Showa no kurashi Museum

従来の博物館ガイドブックであれば、名品・名画を有していたり、有名建築家による博物館などを紹介するのだろうが、全国6300館以上を訪ねたミュージアムフリークの視点は少々違う。

第6章では、「こんなところに、こんな博物館が！」というような、後々までも印象に残るこだわりと特色のある博物館を筆者の独断と偏見で厳選し、紹介したい。

意外性を求めるがゆえに、少々交通の便がよくないところもあるが、学校の遠足と同じで、そこに到着するまでのワクワク感も味わっていただきたい。

それもまた、博物館の楽しみの一つなのだ。

ぜひ、休みの日に、博物館を訪ねることを目的として足を運んでほしい。

筆者が文系ゆえ、自然史系博物館が少ないのはお許しを。

国立アイヌ民族博物館

日本で初めて！　先住民の国立博物館

Point

・先住民族であるアイヌの尊厳を尊重する
・ウポポイでアイヌの伝統芸能や食事を堪能する
・自然の恵みに感謝し、「ヒンナヒンナ（ありがとう）」

現代に息づくアイヌ文化と多文化共生を考える

野田サトル氏のマンガ『ゴールデンカムイ』（集英社）のヒットのおかげか、日本は単一民族国家だと思っている方は、最近ではだいぶ少なくなったようだ。

国会で2019年4月、アイヌ民族を〝日本列島北部周辺、とりわけ北海道の先住民族〟として支援を行う「アイヌの人々の誇りが尊重される社会を実現する

1.多民族社会であることを伝える「導入展示」（2階）。

2

ための施策の推進に関する法律」が成立した。ようやく日本国政府としてアイヌを先住民族として認めたわけである。

国立アイヌ民族博物館は、2020年7月に開館した、アイヌの歴史と文化を主題とした初の国立博物館だ。同館は北海道白老町のポロト湖畔に広がるウポポイ（おおぜいで歌うという意味のアイヌ語だ）の愛称を持つ、民族共生象徴空間内にある。

館内の展示は、最新の情報を公開できるよう可変的な展示形態や展示システムを導入し、解説パネルやサインはアイヌ語を第一言語とし、日本語、英語など多言語に対応している。

2. 基本展示室（2階）では、アイヌ民族の視点で6テーマを配置。

なお、アイヌ語は地域ごとに方言が異なり、展示室の解説文は、各地でそれぞれの言葉を受け継ぐ方が書いた方言で表示されている。これこそが、文化の多様性というものだ。

ウポポイの体験交流ホールや体験学習館では、アイヌの伝統芸能・工芸を鑑賞したり、体験学習を楽しむことができる。アイヌ文化由来の食材を使用した料理も食べることができるので、ぜひ自然の恵みに感謝しつつ、「ヒンナヒンナ（ありがとう）」とつぶやきながら食べてほしい。

自然界すべての物に魂が宿るとされているアイヌの「宗教観」や、祭りや家庭

3. ポロト湖畔には伝統的なコタンが再現されている。
4. 博物館の建物は、自然景観が周辺環境と調和している。

5.ウポポイでは伝統芸能の上演も行われている。
6.カフェでは、アイヌの伝統料理を楽しむことができる。
7.ショップにはウポポイオリジナルグッズも豊富に揃っている。

での行事などに踊られる「古式舞踊」、独特の「文様」による刺繍、木彫りの工芸など、アイヌ固有の文化を堪能するには最適の場所だろう。

北海道には、アイヌ文化に触れられる博物館が他にもいくつかある。機会があればこれらの施設にも足を運び、多文化共生について考えたい。大事なことは、ひと口に「アイヌ」といっても各地に様々なコミュニティがあり、今も多く暮らしている。決して過去のことではないのである。

・国立アイヌ民族博物館

北海道白老郡白老町若草町2－3－1
1200円（「ウポポイ」入場料に含まれている。要事前予約）
https://nam.go.jp
写真提供：公益財団法人アイヌ民族文化財団（2・4～7）、佐々木史郎（1・3）

青森県
三沢市

劇作家、歌人など多彩に生きた寺山修司に会いに行く

三沢市寺山修司記念館

Point

・シュールなテラヤマワールドを満喫しよう

・寺山修司を「探す」机の引き出し展示は必見

・斬新すぎるミュージアムグッズ

キーワードは寺山修司を「探す」

寺山修司記念館は、寺山の母はつ氏より三沢市に寄贈された遺品を保存公開するために約3年の歳月をかけて建設され、1997年7月に開館した。

『増補改訂版　全国文学館ガイド』（全国文学館協議会編　小学館）によると、日本には750余もの文学館がある。なかでも劇作家・寺山修司（1935〜

1

1983）の記念館は、文学館という概念をはるかに飛び越えて、まさにテラヤマ芸術の演劇空間となっている。

寺山修司といえば、若い人は知らないかもしれないが、1960年代後半から1970年代半ばにかけて、小劇場ブームを巻き起こしたアングラ演劇グループ「天井桟敷」の主宰者で、既成の芸術ジャンルにとらわれることなく活動し、時代を挑発して47歳の若さでこの世を去ったマルチクリエーターであった。館内には奇抜なデザインが施され、展示の可能性の広がりも感じさせてくれる。

この記念館は、早世した寺山修司を「探す」ことを展示構成の基本としている。

1. 建物は上空から見ると寺山演劇の小道具である柱時計のかたちをしている。
2. 寺山修司が主宰した劇団「天井桟敷」の舞台を再現した展示。

そのことを象徴するのは、常設展示が「机の引き出し」の中にあるという演出になっていることだ。なぜ机の引き出しなのか。例えば、自伝的映画『田園に死す』において、寺山は主人公に「自宅が火事になったのは、机の引き出しに隠しておいた一匹の蛍が原因だったのだ」と語らせている。彼は「机」という言葉に限りない芸術性を感じ、何度も作品の中に登場させている。『テーブルの上の荒野』という作品もあるほどだ。

常設展示のコーナーに並べられた12台の机の引き出しを一つ一つ開けて、懐中電灯で照らしながら覗き込んでいると、あっという間に1時間以上経ってしま

3. 机の引き出しの中には、直筆原稿や愛蔵品が詰まっている。

4. 大好きな線路をつたって故郷・三沢に帰った寺山をイメージした展示。
5. 記念館の裏側にある「短歌の小径」を歩いていくと、寺山修司文学碑がある。

う。プロジェクター投影されているものもあり、実に面白い展示方法だ。

記念館の裏にある短歌の小径を歩いていくと、小田内沼の畔に「寺山修司文学碑」がある。本の形をした巨大モニュメントで、寺山の短歌が3首刻まれている。それを寺山のお気に入りだったビクターの犬（ニッパー）が見つめている構図が泣かせる。

ミュージアムグッズも、寺山直筆原稿ハンカチや寺山の顔のお面、青森名産のイカを使い、『家出のすすめ』という著作からネーミングされた「家出のするめ」など筆者好みのものが多い。

・三沢市寺山修司記念館

青森県三沢市大字三沢字淋代平116－2955　0176－59－3434
550円（常設展330円＋企画展220円）
http://www.terayamaworld.com/museum
写真提供：三沢市寺山修司記念館

秋田県
横手市

横手市増田まんが美術館

矢口高雄氏の美しいマンガにとことん酔いしれる

Point

・矢口高雄氏の作品を手にしてマンガ読書タイム

・マンガ原画収蔵庫を見て、アーカイブの重要性を実感する

・釣りキチ三平が愛した秋田の大自然も体感する

日本初！　マンガ原画がテーマの美術館

今や、マンガが日本を代表する文化であることを否定する人はいないだろう。2019年9月に開催したICOM京都大会では、マンガに関するセッションが設けられ、同じ年に大英博物館で開催された「Manga」展も好評を博した。

日本にはマンガ博物館が30館以上あり、質量ともに世界一である。横手市増

1. 貴重な原画を収蔵。「マンガの蔵展示室」は圧巻。

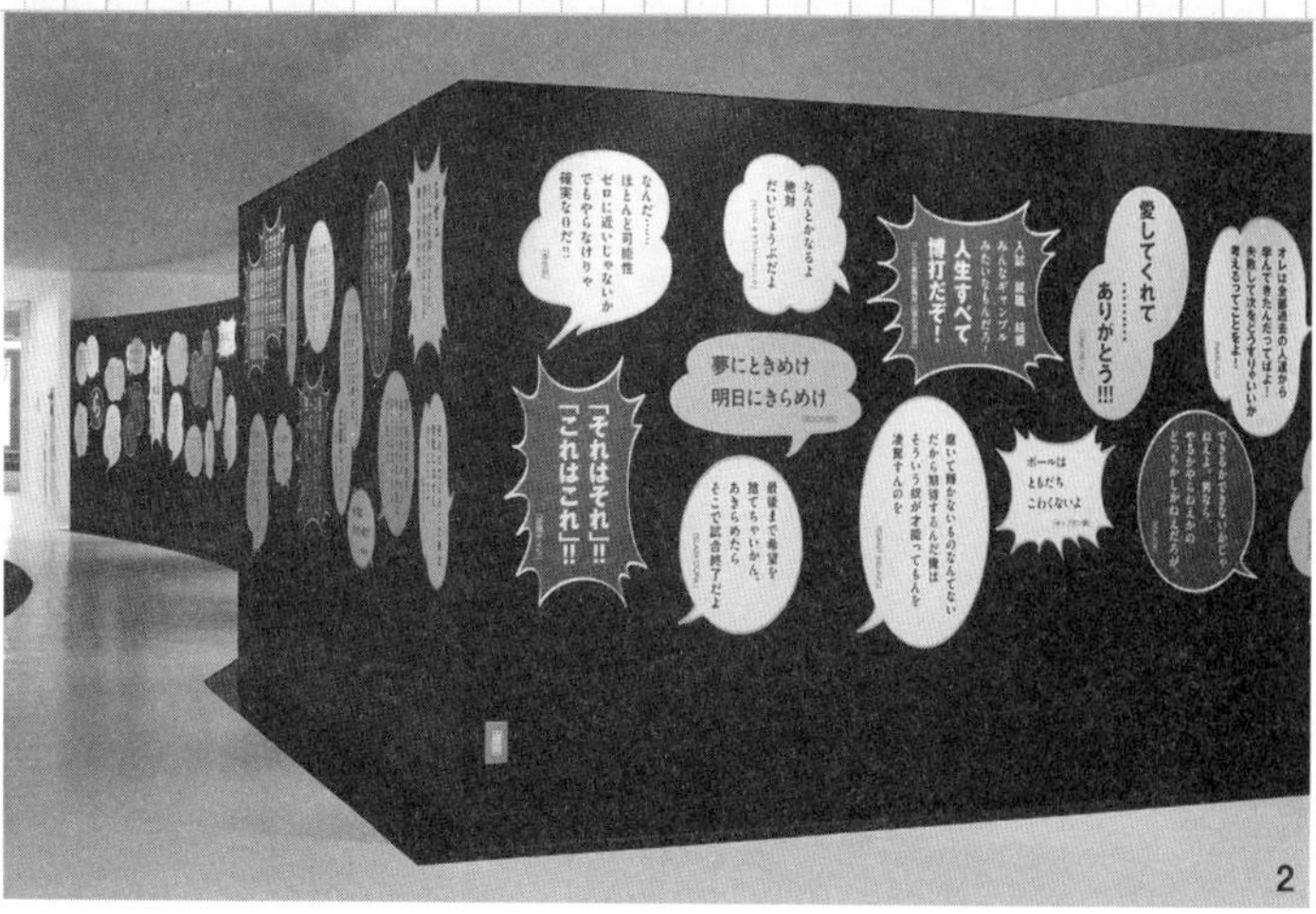

田まんが美術館は1995年に開館した当初からマンガ原画の収蔵に力を入れ、近年は「京都国際マンガミュージアム」（京都府京都市）、「明治大学米沢嘉博記念図書館」（東京都千代田区）とともに、マンガ原画に関するアーカイブの拠点として、日本における最重要マンガ関連文化施設の一つとなっている。もちろん、マンガ単行本をその場で読むこともできるオトクな美術館だ。

1973年、日本はツチノコブームであった。ツチノコとは、胴が太いヘビのようなる未確認動物（UMA）の一つで、東北地方ではバチヘビとも呼ばれる。このブームの火付け役が矢口高雄氏の、ツ

2. 館内の至るところに展示がある。2階の「名台詞ロード」が楽しい。

チノコをテーマとしたマンガ『幻の怪蛇バチヘビ』だった。
矢口氏といえば、代表作『釣りキチ三平』も有名だが、筆者は矢口氏の少年時代を描いた『オーイ!!やまびこ』や『蛍雪時代』（いずれも講談社）が好きだ。矢口氏が生まれ育った秋田県西成瀬村（現在は横手市増田町）の自然風景が実に美しく描写されている。パソコンで作画するマンガ家が多くなった昨今、矢口氏のようにペンで描いたマンガ原画は実に貴重である。
横手市増田まんが美術館では、作家182名による、40万点以上の原画を保存、展示している。そのうちなんと4万

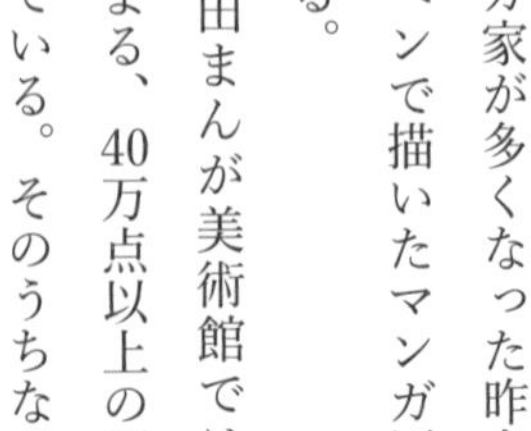

3. 常設展示室のブナの木はマンガに夢中になった子どもの頃の心象風景。
4. 開館当初は複合施設「増田ふれあいプラザ」内にあったが、2019年に美術館単館としてリニューアルオープンした。

5. エントランスにある巨大なマンガウォールが入場者の期待感を加速する。
6. マンガカフェにも作家たちの絵が描かれている。ユニークなメニューにも注目！

6

5

2000点は、矢口氏が横手市に寄贈したものだ。

　2019年のリニューアルオープンに際しては、新たに原画収容点数を70万点に増やし、「原画の収蔵庫」を設けるなど、アーカイブ機能を強化した。さらに、2020年度からは、全国のマンガ原画の保存相談の窓口として、「マンガ原画アーカイブセンター」を併設している。

　なお、同館の名誉館長は、矢口氏逝去後、横手市に隣接する東成瀬村出身で、「銀牙」シリーズで知られる高橋よしひろ氏が就任している。

・横手市増田まんが美術館

秋田県横手市増田町増田字新町285　0182－45－5569
無料。ただし特別企画展は有料
http://manga-museum.com
写真提供：横手市増田まんが美術館

群馬県
桐生市

屋外では昆虫を捕ってOK。命の大切さを体験で知る

群馬県立ぐんま昆虫の森

Point

・里山を復元した自然の中で昆虫と触れ合う

・かやぶき民家で子どもと養蚕体験を楽しもう

・亜熱帯の植物が生い茂る温室でチョウを観察する

復元した里山で様々な昆虫を飼育

筆者の地元、東京・練馬にあった遊園地「としまえん」は、残念ながら2020年8月末を以て閉園してしまった。園内には様々な施設があったのだが、遊園地以上に興味があったのは、石神井城の支城であった練馬城跡の遺構や、「機械遺産」にも認定された世界最古級（1907年）の回転木馬、そして昆虫

1. かやぶき民家は赤城山南面でよく見られた養蚕農家を再現。

館だった。
ひねくれたガキだったのである。その昆虫館を作ったのが、〝ドクトルムッシー〟こと矢島稔氏。群馬県立ぐんま昆虫の森は、矢島氏が開設に携わった、昆虫をテーマとした体験型教育施設である。
約45ヘクタールの土地に里山を復元し、自然環境に近い状態で多種にわたる昆虫を飼育している。巨大なガラス張りの昆虫観察館は、建築家・安藤忠雄氏の設計だ。
張り切って広大な里山地域に歩き出す前にひと言。東京ドーム10個分に及ぶ敷地は想像以上に広い。特に夏は大変なので、マップを片手に計画的に動いた方が

2. 西表島を再現した昆虫ふれあい温室では、一年中チョウが舞う。

いい。様々な体験プログラムが用意されているので、できればどのようなルートでまわるのか、何を体験するか、事前にスケジュールを組んでおこう。そうすれば、効率的にまわれるはずだ。といいながら、筆者は少年時代にまだ家の周囲に原っぱや雑木林があり、盛んに昆虫採集を楽しんだ経験があるので、マップは無視して本能的に散策した。素人はマネしない方がいい。

屋外では自由に昆虫を捕っていいことになっている。長袖長ズボンで、歩きやすい靴を用意しておくといいだろう。

夏の雑木林では、カブトムシに遭遇できるかもしれないが、捕ったら必ずリ

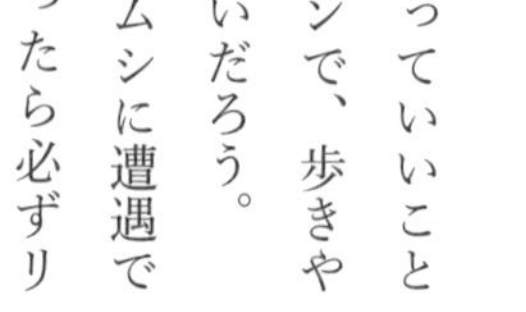

3. 屋外で昆虫採集を楽しもう。ただし、キャッチ&リリースが原則だ。
4. 昆虫観察館は建築家・安藤忠雄氏の設計。
5. フォローアップ学習コーナーでは貴重な書籍を閲覧できる。

5

リースしよう。昆虫は〝買う〟ものでも、ネットや飼育箱で〝見る〟ものでもなく、本来は自然の中で、自力で発見し、観察するものであるからだ。そうした体験を通してこそ、命の不思議さ、自然の偉大さを感じるのである。「生き物と触れ合わずに、命の重さ、大切さなんてわからない」というのが、今、名誉園長を務める矢島氏の哲学なのだ。

1870年代に建てられたというかやぶき民家では、カイコの飼育などの養蚕体験が楽しめる。もし経験がない若い親御さんだったら、この際、お子さんと一緒に自分たちも挑戦してみよう。ぜひ家族で楽しんでいただきたい。

・群馬県立ぐんま昆虫の森

群馬県桐生市新里町鶴ヶ谷460－1　0277－74－6441
410円
www.giw.pref.gumma.jp
写真提供：群馬県立ぐんま昆虫の森

埼玉県
所沢市

武蔵野の歴史博物館としての役割も果たしている

角川武蔵野ミュージアム

Point

・隈研吾氏デザイン監修の建物を堪能しよう

・武蔵野の文化を学ぶ

・とことん本と遊び、本と交わる

本との新たな対話の形がここにある！

2020年11月にグランドオープンしたばかりの角川武蔵野ミュージアム。まるで大地から隆起したような多面体の岩のような異様な外観に、誰もが入館前からワクワクするに違いない。ICOM京都大会でも基調講演を行った建築家・隈研吾氏によるデザイン監修だと聞けば納得するはず。同館は博物館というより、

1.5階の「武蔵野回廊」は、武蔵野出身者にとっては好奇心をくすぐる空間。

2

図書館と美術館と博物館が融合した文化複合施設だ。まさに新しい博物館像を彷彿とさせる最先端の施設といえるだろう。ミュージアムが建つ「ところざわサクラタウン」にはKADOKAWAが運営する書籍製造・物流工場や新オフィスがある。さらにイベントスペース、ホテル、ショップ、レストランなども揃っており、終日楽しめる。

館内は地上1階から5階まであり、おそらく一番よく紹介されるスポットは4階から5階にかけて展開される高さ約8メートルの巨大本棚に囲まれた「本棚劇場」だ。違い棚のように互い違いに複雑に入り組んだ構造の本棚には、約3万冊

2. 高さ約8メートルの「本棚劇場」には、約3万冊の書籍が収蔵されている。

が収蔵されており、およそ30分おきにプロジェクションマッピングが上映され、多彩な演出がなされている。なかなか〝インスタ映え〟する空間だが撮影にばかり夢中にならないで書籍に囲まれた知的な空間を堪能してほしい。

多摩地域出身の筆者としては、5階の「武蔵野回廊」及び「武蔵野ギャラリー」が一番魅力的だ。「武蔵野回廊」は民俗学者・赤坂憲雄氏の監修で、文学、地図、映画などジャンルにとらわれず武蔵野を読み解く300冊が置かれ、所沢市所有の民俗資料も展示されている。「武蔵野ギャラリー」の常設展では、3万年以上前の太古より人が住み続ける武蔵野を再

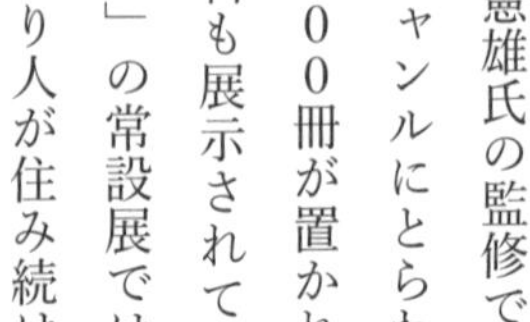

3. 博物学者・荒俣宏氏監修の「荒俣ワンダー秘宝館」や、「エディットアンドアートギャラリー」は4階のエディットタウンの中にある。
4. 建築家・隈研吾氏デザイン監修の外観には心を揺さぶられる。

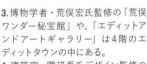

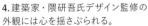

5.1階の「マンガ・ラノベ図書館」は日本で一番ライトノベルが読める図書館だ。
6. 新たに建立された武蔵野坐令和神社。

定義することをテーマにしており、武蔵野の歴史博物館的な役割も果たしている。東京の多摩地域には〝ダイダラボッチ〟という巨人伝説・伝承が各所にあるのだが、ここまで大きく取り上げてくれた博物館はここが初めてだろう。伝説によると、巨人の第1歩は杉並区の善福寺池、2歩目が武蔵野市の八丁窪地、3歩目が三鷹市の井の頭池だといわれている。

なお、同ミュージアムの隣には同じく隈研吾氏がデザインした武蔵野坐令和《むさしのにますうるわしきやまとのみやしろ》神《じん》社《じゃ》が新たに建立されており、「アニメ聖地88」一番札所となっている。ぜひ、「〆切守」を買って、ご利益を授かろう。

・角川武蔵野ミュージアム

埼玉県所沢市東所沢和田3－31－3　0570－017－396
KCMスタンダードチケット（本棚劇場含む）の場合、1200円
（入場エリアによって各種チケット有）
https://kadcul.com
写真提供：角川武蔵野ミュージアム（1～5）、岡本寛治（6）

東京都
大田区

昭和のくらし博物館

親戚の家のようなほっこり感とやすらぎのある博物館

Point

・昭和の暮らしを味わおう

・コロナ禍のいま、安らぎの空間でゆっくり過ごす

・モノのない時代の工夫や、すべて手仕事だった家事の知恵を知る

限られた空間に息づく“もったいない”精神

東京育ちのせいか、田舎の親戚の家に訪れたような、ほっこりとした安らぎが味わえる個人博物館が大好きだ。もっとも昭和のくらし博物館は都内にあるのだが、それでもどこか懐かしく、ホッとした気持ちにさせてくれる風情が漂う。

昭和のくらし博物館は、もともと1951年に住宅金融公庫の融資を受け

1. 玄関の履き物入れ。限られた空間を有効に使う“もったいない”精神だ。

て建てられたもので、小泉和子館長が少女期から家族と過ごした木造2階建ての住宅がそのまま残っている。気づけば、すでに昭和は2つ前の年号になってしまった。少年時代の自分に当てはめれば、今の子どもたちにとって我々は明治時代の人に見えるのかと思うとぞっとするが、わずか30数年前は昭和だったのだ。新たに建られた斬新なデザインの博物館も素晴らしいが、こうした庶民の暮らしをそのまま残した博物館もまた貴重だと筆者は考える。

この家には東京都の建築技師だった小泉館長の父と、その妻、そして娘4人の6人家族が45年間暮らしていた。いった

2. 2階の子ども部屋は人気の部屋で寄贈されたおもちゃも多く展示されている。

ん無人となったが、長女で生活史研究家の小泉館長が、昭和20～30年代の庶民の暮らしを後世まで伝えたいと考え、1999年2月から博物館として公開することにしたのである。

主屋部分は国の登録有形文化財になっている。家屋自体は決して大きくないが、各部屋に飾られたものをゆっくり見ていると、あっという間に時間が過ぎてしまう。

玄関を入ったところが板の間で、次が茶の間、左手が縁側、奥には8畳間がある。収納スペースが随所にあり、限られた空間を有効に使う〝もったいない〟精神が感じられる。いや、昔はどこもそう

3. 夏はすだれ、冬は火鉢と季節によってしつらいを変えており、常設展示の展示替えになっている。
4. 中庭に面した談話室。
5. 年間を通じて様々な体験イベントを開催している。

6・7. どこかで見たような光景だと思っていたら、ここはまさに『サザエさん』の世界だ。実際、この家は映画化もされたマンガ『海街diary』や『この世界の片隅に』の作画に活かされているそうだ（作品の実際の舞台は、神奈川県鎌倉市と広島県広島市・呉市）。

だったのだ。モノのない時代だからこその工夫があり、すべて手仕事だった家事に知恵があった。ＳＤＧｓが叫ばれている今だからこそ、展示を見ながら自身の生活が大量消費生活になっていないか改めて考えたい。

一部を除き、装飾に触れたり、棚を開けたりすることもでき、ホワイトキューブの美術館のような堅苦しい雰囲気は全くない。動線も工夫されており、主屋の展示を見た後は増築部分の記念室、そして最後に中庭に面した談話室でゆっくりできるようになっている。お茶をいただきながら、ゆっくりと過ごしていこう。それがきっと明日の活力になるはずだ。

・昭和のくらし博物館

東京都大田区南久が原２－２６－１９　03－3750－1808
500円
www.showanokurashi.com
写真提供：昭和のくらし博物館

新潟県
長岡市・小千谷市

中越メモリアル回廊

天災を忘れないことが備えになると回廊が教えてくれる

Point

・回廊をまわって「新潟県中越大震災」の実像に迫る
・震災の記憶と伝承について考える
・過去の教訓を学び、未来に向けた防災を考えてみよう

被災地全体がメモリアル博物館に

「天災は忘れられたる頃来る」とは、戦前の物理学者であり、随筆家の寺田寅彦が遺した名言。意味するところは、天災を忘れて備えを怠ると被害が大きくなるということだ。

日本には地震、津波、洪水、火山など災害に関する遺構が数多くあり、今なおその痕跡を保存する防災に関する博物館

1. 震央メモリアルパークには、震源地を指し示す標柱がある。

も多い。

中越メモリアル回廊もその一つだ。２００４年10月23日の夕方に発生した新潟県中越大震災のメモリアル拠点である4施設と、３公園を結び、被災地である中越地域をそのまま震災の〝情報保管庫〟としている。

最大震度7を記録した新潟県中越大震災では、３０００棟以上の建物が全壊し、68名の方が亡くなった。この震災で中山間地の被害が復興の大きな課題となった。震災を機に地域を離れる人も多く、人口減少と高齢化が急速に進んだという。

災害から得た教訓を次世代へつなぐと

2. おぢや震災ミュージアム そなえ館では、約4分の地震体験ができる。避難所が再現された展示もある。

3. 長岡震災アーカイブセンター きおくみらいの震災MAPで情報検索ができる。
4. 川口きずな館では被災した人々の記録をつづった様々な絆の物語を閲覧できる。

ともに、地域の復興を図るため整備されたのが中越メモリアル回廊だ。

大きな被害を受けた長岡市（2005年4月に山古志村も編入）と、小千谷市に整備された4つの施設と3つの公園（メモリアルパーク）を結び、公益社団法人中越防災安全推進機構が一体的に管理・運営を行っている。

「半日コース」「1日コース」といったモデルコースが用意されており、事務局の中越防災安全推進機構に事前に申し込むと、研修などの目的に合わせて個別のコースの相談に応じてくれる。

運転免許を持っていたら、レンタカーを借りて、マイペースでゆっくりまわる

5. やまこし復興交流館 おらたるでは、地形模型に映像を映し、震災の記録をたどることができる。
6. 妙見メモリアルパークは母子2名が犠牲になった崩落現場だ。献花台が設けられている。

6

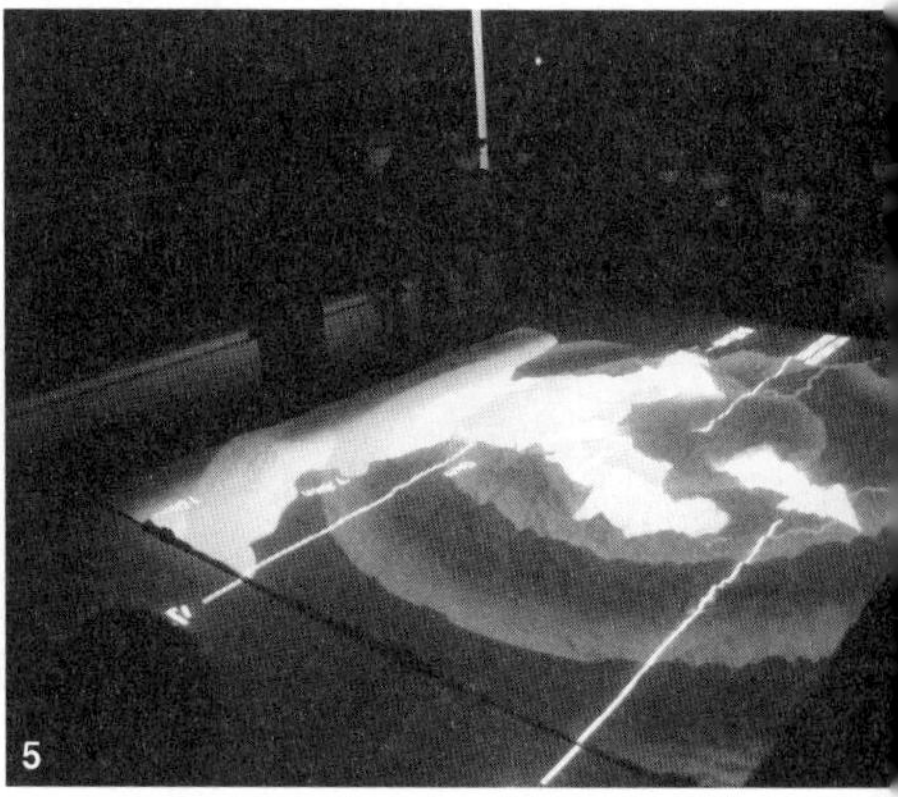

5

のが効率的だ。防災フォーラムやセミナー、スタンプラリーなどのイベントも随時開催しているので、ホームページで確認して計画を立てるといいだろう。

各施設をまわるための移動時間は、防災について考えを巡らすためのいいインターバルになる。できれば被災経験のある地元の方々との会話を通じて、毎年のように発生する自然災害に対して、これらの施設が果たすべき社会的役割について考える機会としてほしい。なお、これらの施設は、中越大震災復興基金を活用し、すべて無料となっている。被災地は犠牲者への鎮魂と復興への祈りの場であることを忘れずに見学するようにしたい。

・中越メモリアル回廊　長岡震災アーカイブセンター　きおくみらい

新潟県長岡市大手通2－6フェニックス大手イースト2階　0258－39－5525
無料（ただし、案内つきの見学は有料）
http://www.c-marugoto.jp/nagaoka
写真提供：中越防災安全推進機構

福井県
若狭町

福井県年《ねん》縞《こう》博物館

年縞の美しさだけでなく、風光明媚な立地も最大の魅力

Point

・7万年の時の蓄積を圧巻のステンドグラスで実感
・年縞ギャラリーの展示に携わった研究者の情熱を感じよう
・地球史の年代測定の研究に思いを馳せる

世界でたった一つ 日本が誇る年縞博物館

福井県年縞博物館で、長さ45メートルものシマシマ模様をまっすぐ横に並べた年縞ギャラリーを見れば、誰もが目を見張るはずだ。そして、それが7万年かけて水月湖《すいげつこ》に積もり積もった泥の実物であると知って驚愕するに違いない。筆者はこの展示に携わった研究者の情熱を感じ、胸が熱くなった。

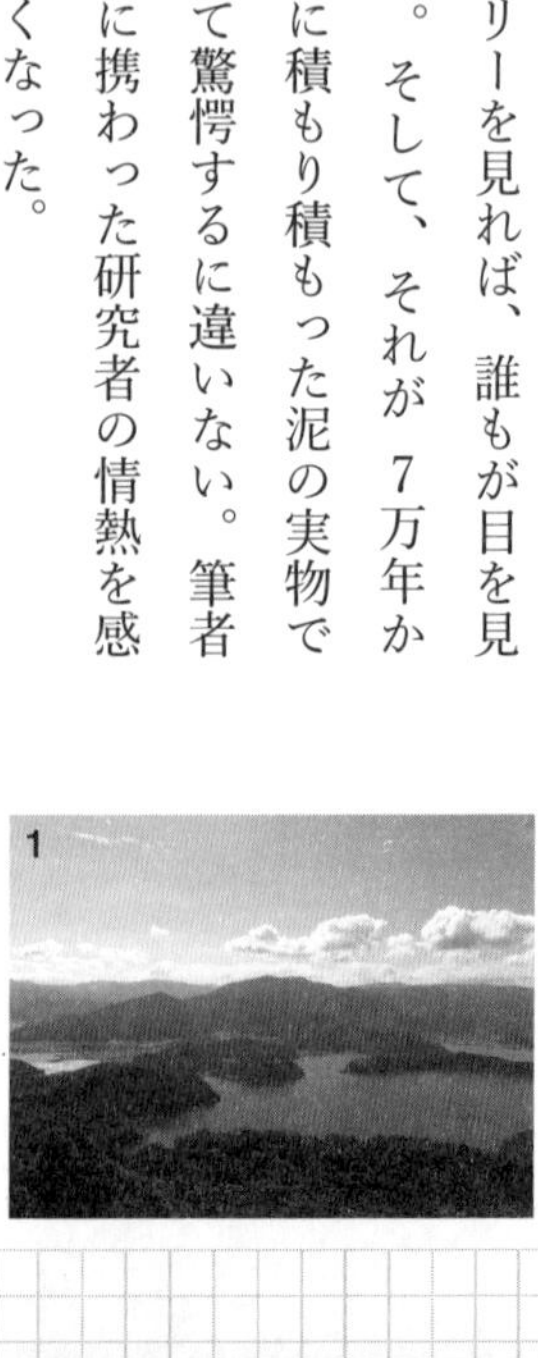

2

年縞とは、湖や沼の底にプランクトンの死骸や土、花粉、火山灰などが積もってできる泥の地層のことだ。春から秋にかけてはプランクトンなどの死骸、晩秋から冬にかけては黄砂や鉄分と季節によって堆積するものが違う。それによって、「明暗一対の縞」が1年かけてできるのでシマシマに見えるわけだ。

年縞は1年に平均約0・7ミリの層が形成される。縞を数えるといつの年代のものか正確にわかるため、考古学や地質学における年代測定のための国際標準の「ものさし」に採用され、地球史研究に大きな貢献をしている。

また、館内ギャラリーで特に筆者が惹

1. 世界一の年縞が形成されている水月湖。
2. 水月湖年縞7万年ギャラリー。水月湖から掘り出した年縞の実物を45メートル、ステンドグラスで展示している。圧巻だ。

かれたのは「はかり」のミニ博物誌のコーナーだ。年代測定に関する学術的な資料や、歴史的に人類が世界各地で定めてきた度量衡や原器など、年縞以外の「ものさし」が展示されている。人類がいかに「正確にはかる」ということを追求してきたかがわかり、先人たちのはかりしれない苦労に頭が下がる思いがした。

　さらに、古気候学に基づく水月湖の研究成果を通して、7万年前から現代まで年縞が形成されてきた各時代の風景を再現している。同館はまさに日本が誇る世界唯一の年縞に関する博物館なのだ。

　この年縞の積もり方や堆積物を解析することで、地球の気候変動や自然災害の

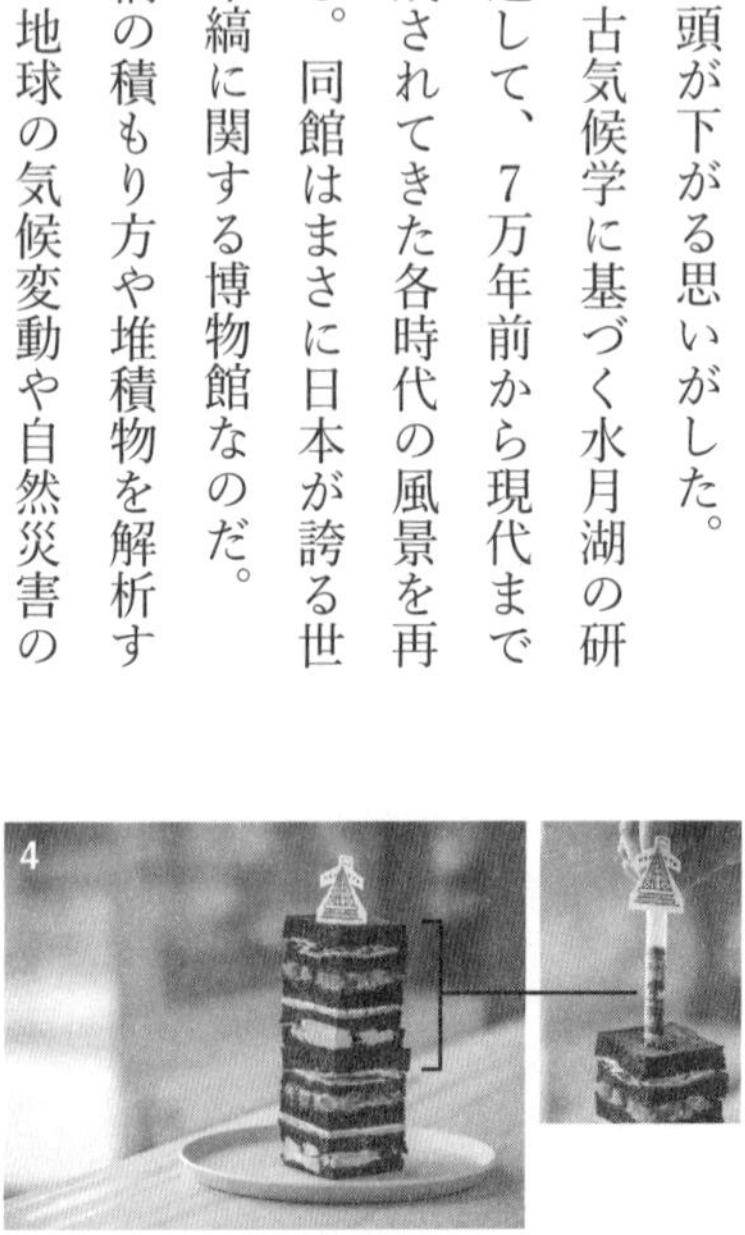

3. 世界の年縞を展示するコーナー。
4.「年縞SAND」は、年縞の堀削作業をイメージしたもの。ボーリング調査の気分を味わえる。

5.2021年から新たに展示された死海の年縞。これで約2000年分だ。
6.7万年分のタイムカプセルを実感しよう。

履歴についての年単位の正確なデータが得られる。また、年単位のデータは、世界中の化石や土器の年代を測定する精度を大幅に向上させた。水月湖の年縞は、静かな湖の底に積もっていくため、滅失、攪拌されることなく、年年歳歳、蓄積されていく。いわば、水に守られたタイムカプセルなのだ。そう考えると、ものすごく悠久のロマンを感じるではないか。

ロマンを感じておなかが空いたら、湖を眺めながらゆっくりできる「cafe縞」へ行ってみよう。名物メニュー「年縞SAND」がおすすめだ。

・福井県年縞博物館

福井県三方上中郡若狭町鳥浜122－12－1縄文ロマンパーク内
0770－45－0456　¥ 500円
varve-museum.pref.fukui.lg.jp
写真提供：福井県年縞博物館

長野県
上田市

戦死した画学生たちの志が静かに響く

戦没画学生慰霊美術館 無言館

Point

・出征し、二度とは戻ってこなかった若き画家たちの声を感じよう

・戦没画学生たちの遺した作品の保存について考えてみる

・平和の尊さを再認識する

画家を夢見て戦死した学生たちの遺作を収蔵

信州・上田の郊外、塩田平を望む丘の上にひっそりと建つ戦没画学生慰霊美術館 無言館。館内は、作品を照らす以外の照明は極限まで落とされ、静寂さが漂う。ここは有名画家の作品が並んでいるような美術館ではない。むしろ画家を夢見た学生たちの墓標と思ってもらった方がいいかもしれない。

1. 自然石に彫られた無言館の碑。

徴兵によって画家や彫刻家、あるいはデザイナーや建築家になる夢を断たれ、戦場に散った美術学生（戦没画学生）たちの遺した作品を展示するという非常に稀少な美術館なのだ。作家であり、同館館主でもある窪島誠一郎氏が、画家・野見山暁治氏とともに全国をまわって蒐集した遺作や遺品が並ぶ。無名の学生が描いた作品ばかりなのに、人の心を強く動かすのはなぜだろうか。ここでは、ぜひ平和の尊さや意味についても考えてほしい。

館主の窪島氏は、同館の名前の由来について、自らこう書いている。

2. 本館は教会のような、暗くひんやりとした空間が広がっている。

3. 2020年6月から再開した「KAITA EPITAPH　残照館」。
4. 本館は木立の中にひっそりとたたずむ。

4

3

なぜ「無言館」っていう名をつけたかっ
て？
だって　戦死した画学生さんの絵の前に
立ったら
悲しくて　くやしくて　つらくて
何もいえなくなっちゃうんだもの
黙るしかないんだもの
でも
たくさんの人たちに
「無言館」にきてほしい
そして黙って
画学生さんの絵の前に立ってほしい
（『約束「無言館」への坂をのぼって』
窪島誠一郎著　アリス館）

5

5. 「記憶のパレット」には、「私たちの芸術と私たちの鏡の前にあったすべての芸術のために」と刻まれている。

6.2018年に建てられた「俳句弾圧不忘の碑」。
7.第二展示館の「傷ついた画布のドーム」。

隣接する「信濃デッサン館」は、村山槐多、関根正二ら夭折画家たちの作品約1000点を所蔵していたが、窪島氏の体調不良や財政上の理由により一時閉館、コレクションの一部は長野県に寄贈・売却された。ただ、同館自体は2020年6月に「KAITA EPITAPH残照館」として再開している。

無言館は、決して多くの観光客が集まる美術館ではないが、ぜひ一人でも多くの支援によって後世に保存・継承していきたいものである。

開館当初、入館料は鑑賞後に出口で志を払う形式だったが、現在は有料となっている。

・戦没画学生慰霊美術館　無言館

長野県上田市古安曽字山王山3462　0268－37－1650
1000円
https://mugonkan.jp
写真提供：戦没画学生慰霊美術館　無言館

岐阜県
中津川市

御影石のピラミッドが出迎えてくれる！　石マニアの聖地
ストーンミュージアム博石館

Point

・石の魅力に
いったんハマッてみる

・地元の石でできた
ピラミッドの地下迷路を
散策気分で楽しむ

・石に関する体験活動に
参加してみる

世界各地の鉱物を展示する石マニアの聖地

ストーンミュージアム博石館は、石のテーマパークに過ぎないのかもしれない。では、なぜここで紹介するのかというと、理由は大きく3つある。

1つ目は、御影石とも呼ばれる花崗岩の産地・中津川市蛭川にあるということ。俗っぽくいえば、石マニアの聖地なのである。

1

2

2つ目の理由は地元で産出される鉱物を中心に、広島・長崎の被爆石やエベレストの山頂の石、エジプトのピラミッドの石など、世界各地の珍しい鉱物を収蔵・展示しているということ。

そして3つ目は、トイレの歴史から文化まで学べる「うんちく館」や、全国を放浪しながらはがき絵を描く芸術家・中島月空氏の「月空記念館」など、様々な切り口の展示施設が揃っていること。実は民間企業が経営しており、企業博物館のモデルの一つともいえるからだ。

入館受付から入ると、すぐにピラミッドが目に入る。蛭川産御影石5500トンを積み上げ、エジプトにあ

1. 本館にあたる「鉱物展示館」は、本格的な専門博物館。
2. ストーンミュージアム博石館のシンボルである、御影石のピラミッド。

3. 蛭川で採れる代表的な宝石である鉱石トパーズ（黄玉）。
4. 宝石探しの体験を楽しもう。

るクフ王のピラミッドを10分の1の大きさで再現したものだ。地下には全長350メートルの迷路もあり、ひんやりとしているのも心地よいし、謎に満ちた迷路を歩いているだけでワクワクする。

館内には体験メニューもたくさん用意されている。宝石探し体験、化石探し体験、砂金探し体験、銀探し体験、トレジャーハンティングなどなど。子どもでなくてもどれにしようか、あれこれ迷うに違いない。いっそのこと、すべて体験してもいい思い出になるはずだ。

うんちく館で今まで知らなかったトイレの歴史や文化を学び、恐竜のうんちの化石を見たら、総石造りのトイレ（「オー

5. ブラスト機に石板を入れてオリジナルの表札などを作ることができる。※要問い合わせ。

6. うんちく館には恐竜のうんちの化石などが展示されている。
7. 石職人体験館では、石職人の歴史や文化について学ぶことができる。

バル」で用を足すのを忘れないようにしたい。ミュージアムショップにも、本物そっくりなストーンチョコやパワーストーンブレスレットなど、楽しいグッズが揃っているので、お土産に買って帰るといいだろう。

なお、中津川市内の苗木地方に「中津川市鉱物博物館」があり、近くの七宗町《ひちそうちょう》には「日本最古の石博物館」があり、20億年前の片麻岩（上麻生礫岩）を見ることができる。この際、石尽くしで石の魅力を堪能しよう。時間があれば、近くの恵那峡で様々な奇岩も見学していこう。

・ストーンミュージアム博石館

岐阜県中津川市蛭川5263－7　0573－45－2110
1000円
https://www.hakusekikan.co.jp
写真提供：ストーンミュージアム博石館

滋賀県
近江八幡市

ボーダレス・アートミュージアムNO-MA

次々と様々なボーダーを乗り越える姿勢に深く共感

Point

・アール・ブリュットの世界を知ろう
・町屋空間でアール・ブリュットの造形を味わう
・人の持つ普遍的な表現の力を感じ取ろう

滋賀県発 先駆的にアール・ブリュットを扱う美術館

アール・ブリュット（Art Brut）をご存知だろうか。フランス語で「加工されていない芸術」とも訳される。正規の芸術教育を受けていない人が湧き上がる衝動にしたがって制作したアートのことだ。フランスの画家ジャン・デュビュッフェによって考案された言葉で、英語ではアウトサイダー・アートという。

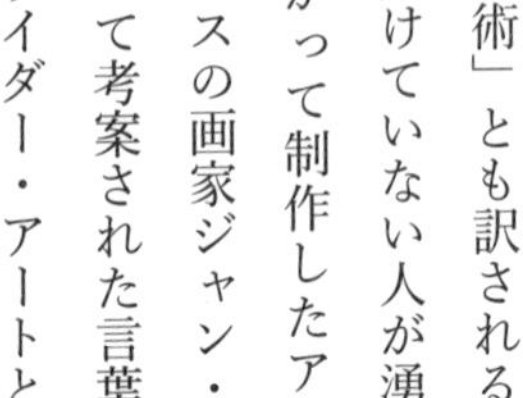

1

2

日本ではアール・ブリュットというと精神的・知的障がいを持つ人の作品を指すことが多い。また、受刑者による創作物から、アール・ブリュット作品として見出されるものもある。あるいは、絵画だけでなく、造形作品や建築物そのものであることもある。

2010年3月から翌年1月までパリで開催された「アール・ブリュット・ジャポネ展」は、12万人を超える観客を動員し、大きな反響を呼んだ。それだけ日本のアール・ブリュットは、海外でも高い評価を得ているのだ。当の日本人が知らなくていいはずがない。

ボーダレス・アートミュージアム

1・2. 同館は社会福祉法人が運営している。NO-MAの名は、保存地区にある町屋の中の旧野間邸に作られたことに由来する。

NO-MAは、日本のアール・ブリュット作品を先駆的に紹介してきた美術館だ。滋賀県近江八幡市の重要伝統的建造物群保存地区にある昭和初期に建てられた町屋をリノベーションし、2004年6月に開館した。滋賀県では、戦後、日本の障がい者福祉の父と呼ばれ、「この子らを世の光に」という言葉で知られる糸賀一雄氏ら、多くの関係者によって、全国に先駆けて障がい者福祉や障がい者による文化芸術活動の推進に取り組んできた。

そんな中、同館は「ボーダレス」という名前のとおり、障がい者アートだけにとらわれない企画を模索している。特に

3.昭和初期の町屋をリノベーションしたNO-MA。

4・5. 町屋ならではの和室や蔵を活用した空間に心安らぐ。

「障がい者と健常者」「福祉とアート」「アートと地域社会」のように、異なる研究分野や複数の行政組織にまたがる展覧会やワークショップを開催しており、様々なボーダー（境界）を越えていく実践は、訪れるたびに新たな発見がある。

全国的にアール・ブリュットを展示する美術館が増えてきたが、まずは原点となる滋賀県を訪れたい。県内には、アール・ブリュット作品を展示している〝美術旅館〟が3軒ある。そのうえで、藁工ミュージアム（高知県高知市）、鞆の津ミュージアム（広島県福山市）、みずのき美術館（京都府亀岡市）などのアール・ブリュット美術館へも足を延ばそう。

・ボーダレス・アートミュージアムNO-MA

滋賀県近江八幡市永原町上16　0748－36－5018
200～300円（入館料は展覧会ごとに異なる）
https://www.no-ma.jp
写真提供：ボーダレス・アートミュージアムNO-MA

京都府
京都市

河井寛次郎記念館

「暮しが仕事、仕事が暮し」の精神を体感する

Point

・日常の生活道具に「用の美」を感じる

・暮らしを楽しむ知恵を考える

・民藝の精神に触れて、心の安らぎを

無造作の中にある真の美しさを愛でる

国内には、東京・駒場の日本民藝館をはじめ、20数館の民藝館があるが、なかでも京都国立博物館のすぐ近くにある河井寛次郎記念館は、民家が建ち並ぶ京都の人々の生活に溶け込むようにして建つ、心が落ち着く空間だ。

大正・昭和にかけて民藝運動の思想家・柳宗悦、陶芸家・濱田庄司らとともに活

1. 写真家・岩合光昭氏の『ねこの京都』にも登場するエキちゃん。毎日遊びに来ているそうだ。

躍した陶工・河井寛次郎が実際に暮らしていた自宅兼工房で、「暮しが仕事　仕事が暮し」の言葉を残した寛次郎の暮らしの息づかいが感じられる記念館だ。そんな空間でゆっくり「用の美」に触れてみてはいかがだろう。

　河井寛次郎記念館を典型的な美術館だと思って訪れると裏切られる。これは全国各地にある民藝館に共通していることだが、「作品を展示しています」といった風情はほとんどない。作品の多くは無造作に置かれていており、キャプションもなく、「手を触れないでください」というような野暮な表示もない。順路もなく何をどのように見るか、どのように感

2. 京町家ではあまり見られない囲炉裏。主に飛騨高山の民家を参考に寛次郎が自ら設計した。

じるかはすべて来館者に任されている。まさに寛次郎のお宅にお邪魔したという感じで、ここだけ時間がゆっくり動いているような気がするのだ。

寛次郎は、作品を「美術品」として仰々しく扱われるのを好まなかったという。美しいものは、特別な人だけが生み出せるものではなく、無名の職人の手仕事にも宿っており、空間や環境、日々の暮らしそのものが美しさの源であるという考えが、この記念館全体に表れているような気がする。きっとあなたも「こういう家で暮らしたいなあ」と思うはず。

今なお個人運営の同館は2023年に開館50周年を迎える。こういう施設こそ、

3. 寛次郎は木彫作品も数多く制作した。モチーフは極めて多彩だ。なお、ここにあるのは木彫をブロンズ化したレプリカ。
4. 表札は版画家・棟方志功の書。木漆工芸家・黒田辰秋の制作。

5.2階は吹き抜けを中心に書斎と居間が配されている。座ることも可能だ。
6.1920年、寛次郎が譲り受け、「鐘溪窯」と名付けた登り窯。

後世に残していかなければならない。

同館には『ねこの京都』（岩合光昭著クレヴィス）という写真集の表紙を飾った猫が住んでいる。きっとどこかで出会えるだろう。また、あまり知られていないが、すぐ近くには五条坂の作陶仲間であった藤平政一の次男で、寛次郎が名付け親の藤平伸の記念館もある。年2回（春期と秋期）のみの開館（予約制）だが、ぜひ訪れてほしい。

なお、くずきりで有名な京都祇園の鍵善良房には、寛次郎の書「くづきり」が掲げてあるので、こちらにも足を運びたい。

・**河井寛次郎記念館**

京都府京都市東山区五条坂鐘鋳町569　075－561－3585
900円
www.kanjiro.jp
写真提供：河井寛次郎記念館

奈良県
御所市

水平社博物館

差別のない社会実現のため、今こそ訪ねるべき

Point

・人権問題に向き合う
・水平社の歴史に思いを馳せる
・水平社運動を生み出した風土を踏みしめる

平和と人権のふるさと 御所市柏原

正直にいおう。筆者は幼少期に身近でいわゆる同和問題について見聞きしたことがなかった。人権問題について初めて考えたのは大学時代、『橋のない川』（住井すゑ著 新潮社）を読んだ時だった。それ以降、いろいろ調べて関西ほどではないものの、東京にも部落差別は存在すること、そして新聞やテレビでも人権に

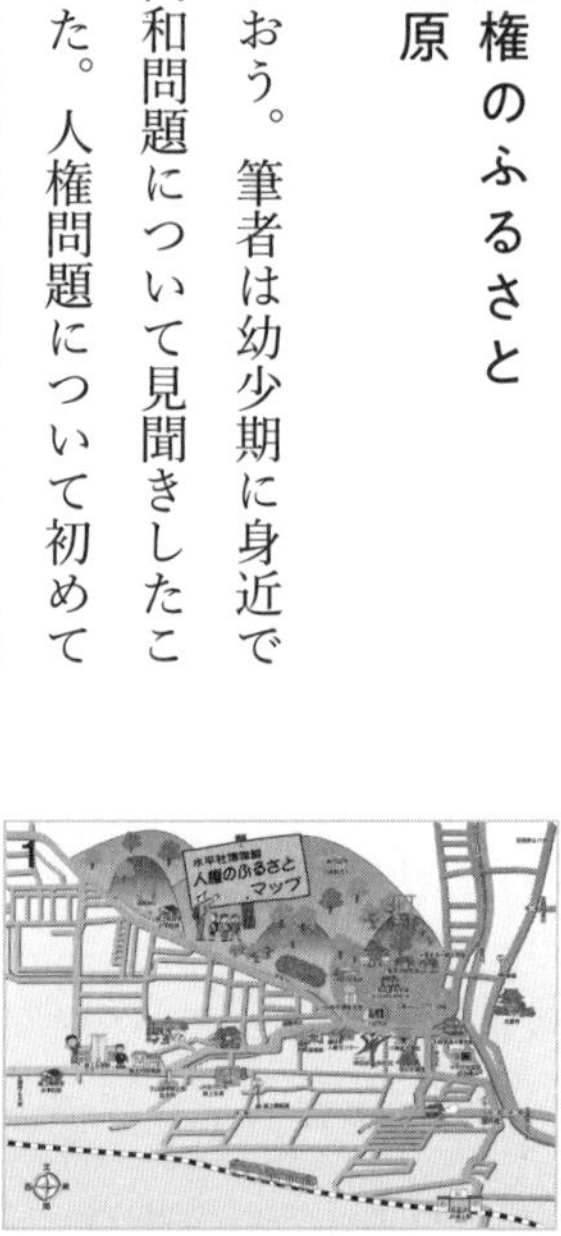

1. 水平社博物館を訪れた際は「人権のふるさとマップ」を片手に柏原周辺も散策してほしい。

関するニュースが連日、報じられていることを知った。

人権問題は同和問題だけでなく、在日コリアン、公害被害者、ハンセン病患者、HIV感染者、いじめ、家庭内暴力、障がい者、高齢者、性的少数者など多岐にわたる。海外では政治による差別や人身取引なども人権問題とされている。こうしたことは、学校の教科書で学ぶだけではわからない。

とりわけ筆者自身は、水平社博物館の存在を知ってから、意識がさらに変わった。同館は1922年3月3日、被差別部落の人たちが「人の世に熱あれ、人間に光あれ」と高らかに人間の尊厳と平等

2. 博物館のすぐ近くにある「水平社宣言記念碑」。

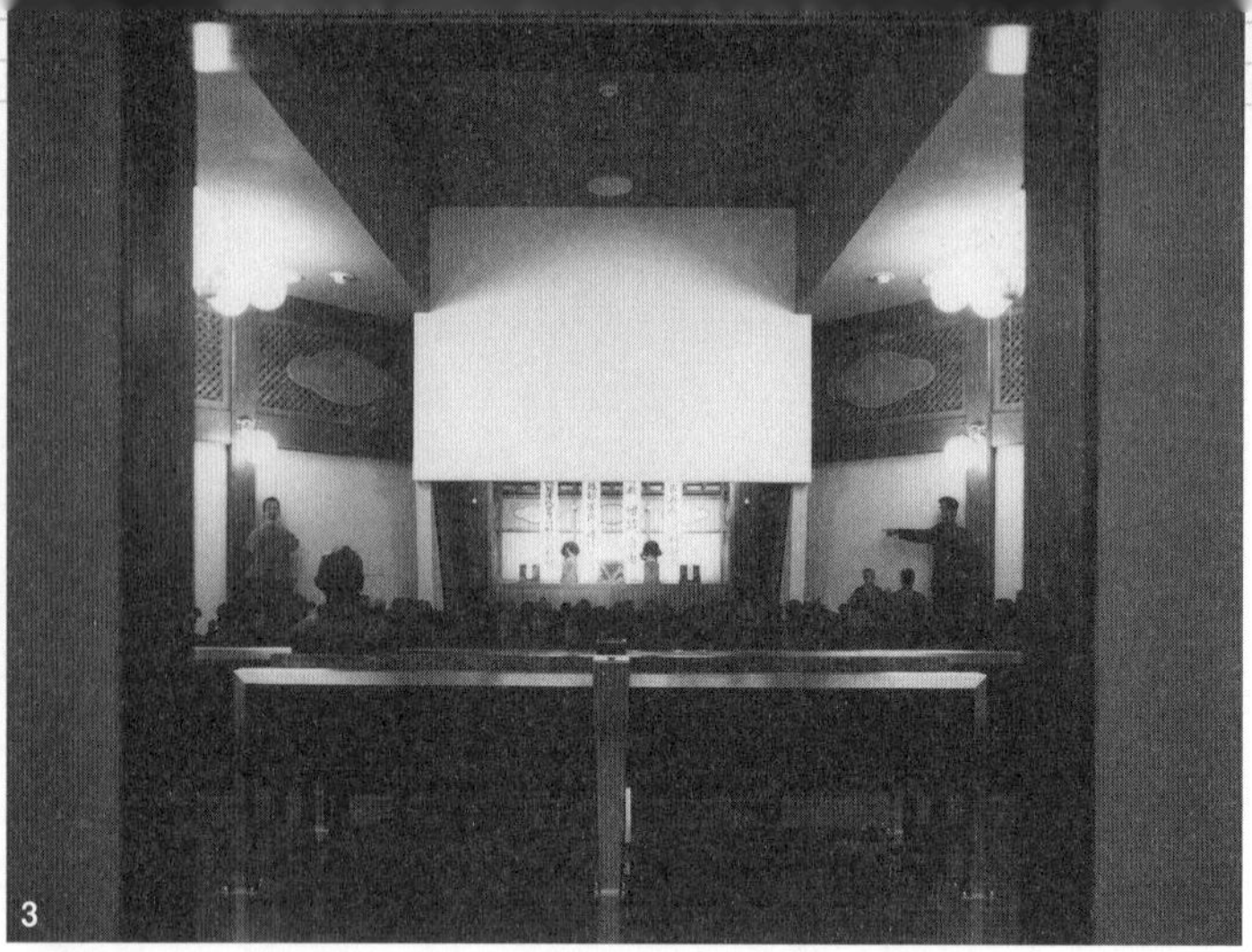

をうたい上げ結成した水平社発祥の地に、1998年に開館した。全国水平社の結成の中心となったのが、御所市柏原の青年たちで、水平社運動を生み出した柏原という地域と博物館は一体性を強く意識している。

水平社設立の翌年、日本の植民地だった朝鮮半島で被差別民「白丁《ペクチョン》」の差別撤廃を求めて「衡平社」が結成されている。水平社とこの衡平社の交流の歴史をまとめた資料は、日本で唯一「アジア太平洋地域ユネスコ記憶遺産」に登録されている。

また人権資料・展示全国ネットワークの中核団体として、全国の人権博物館と

3. 全国水平社創立大会の再現シアターは必見（約12分）。
4. 館内では差別のない社会を目指して闘ってきた先人たちの姿を紹介。

5

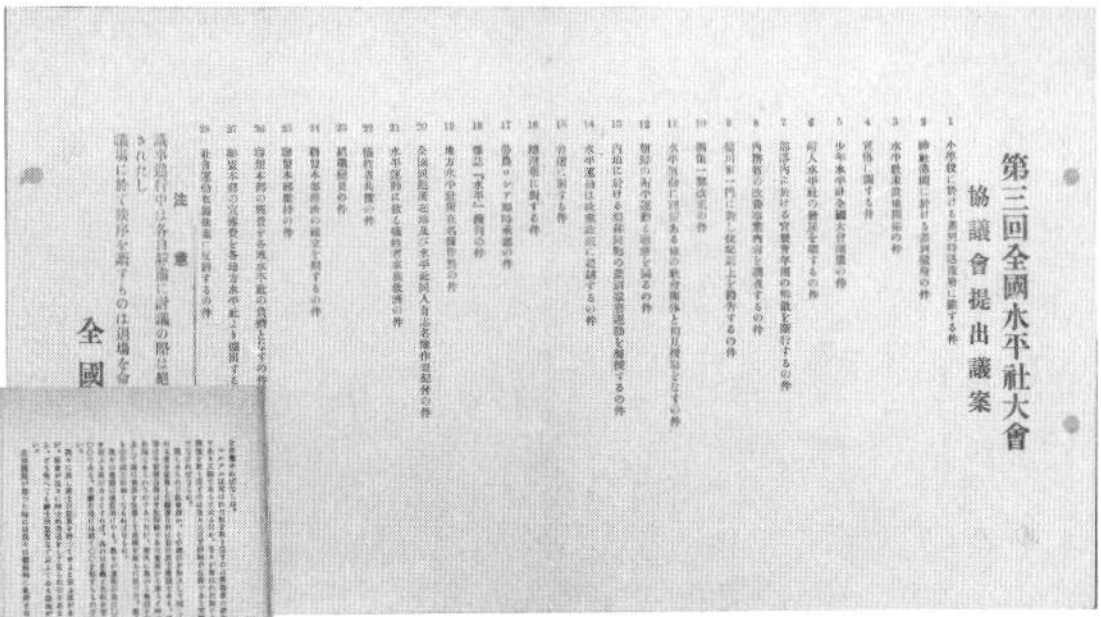
第三回全國水平社大會
協議會提出議案

6

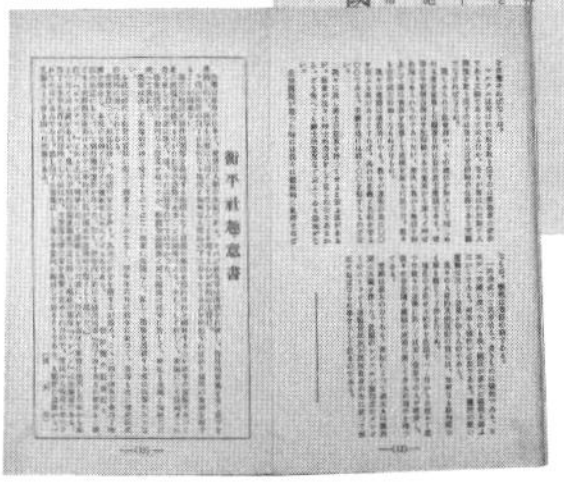
衡平社趣意書

5・6. アジア太平洋地域ユネスコ記憶遺産に登録された第3回全国水平社大会協議会提出議案（1924年）及び衡平社趣意書（1929年）。

も連携しており、ＩＣＯＭのＦＩＨＲＭ（国際人権博物館連盟）にも加盟。差別のない社会を目指し、国際的にも活躍している人権博物館なのだ。

館内にある１９２２年の全国水平社創立大会を再現したシアターは必見だろう。なお、２０２２年に全国水平社創立１００周年を迎えるにあたり、中学生にもわかりやすい内容に展示を刷新し、リニューアルオープンする予定だ。

この大会が開催された京都・岡崎の岡崎公会堂（現在は京都市美術館別館）には「全国水平社創立の地」記念碑が立っているので、こちらも見学してほしい。

・水平社博物館

奈良県御所市柏原235－2　0745－62－5588
500円
www1.mahoroba.ne.jp/~suihei/
（2021年11月から休館、2022年3月3日にリニューアルオープン予定）　写真提供：水平社博物館

兵庫県
姫路市

ミシュラン・グリーンガイド二つ星認定！ 世界屈指の玩具博物館

日本玩具博物館

世界160カ国の玩具、人形など9万点所蔵

・日本と世界の玩具文化に触れる
・昔懐かしいおもちゃに心弾ませる
・個人立博物館の底力を目の当たりにしてパワーをもらおう

Point

日本玩具博物館は、我が国最大の個人立博物館にして、世界屈指の玩具博物館である。白壁土蔵造りの6棟の建物に日本の郷土玩具や近代玩具、世界160カ国の玩具や人形など約9万点を所蔵し、常時5000点が展示館に所狭しと並ぶ。

井上重義館長が「忘れられ消え行く日

本の郷土玩具を後世に伝えたい」という思いから、1963年から電鉄会社勤務の傍ら全国を旅して蒐集した。評価を高めるには展示施設が必要と考え、1974年に新築した自宅の一部を展示室にし、井上郷土玩具館として開館した。

会社員が玩具館を作ったと評判になり、来館者は増え続けた。要望に応えて日本の近代玩具や世界の玩具や人形と蒐集の幅を広げ、蒐集資料の増加とともに展示館を増築し、玩具博物館としては我が国屈指になり、1984年に日本玩具博物館と改称。井上館長は45歳で会社を退職して運営に専念し、学芸員資格を取得した。また、スタッフにも恵まれ、大

1. 1号館の天井には山口県見島の大凧「鬼ようず」、周辺には全国の凧が飾られている。

3

2・3. ちりめん細工は江戸時代から続く伝統工芸品だが、生活様式の変化の中ですっかり姿を消してしまった。しかし、同館が古い作品や文献資料の蒐集を行い、復興させた。今も博物館活動の一環として、展示会や講習会を開催して普及継承に努めている。

きな発展を遂げた。

常設展示だけでなく、季節ごとに所蔵品による企画展・特別展、ワークショップなどを開催している。ミシュラン・グリーンガイドの二つ星に認定されるなど、世界屈指の玩具博物館に発展した。

正面入口を入ると天井に大きな凧が目に入る。山口県見島の大凧「鬼ようず」で、周辺の壁には日本各地の凧が展示されている。展示ケースには昭和30年代から平成までのおもちゃが並ぶ。ちょうど筆者の年代だ。テレビ番組のキャラクターが多く、我が家にあったソフビ（ソフトビニール製）のウルトラマン人形やタカラのアンドロイドAなどもある。

4. 自宅の一室から始まった博物館も今や敷地内に6棟もの展示棟を有している。

5.世界の民族玩具は今では手に入らない貴重なものも多い。
6.4号館1階は日本各地の郷土玩具。写真は静岡地方のもの。

さらに右隣の2号館には、明治、大正、昭和初期の貴重なおもちゃが並び、昔のおもちゃのプレイコーナーもある。コマやけん玉、輪ぬきだるま、まゆ玉ころがしなど、どれもが古くからあるおもちゃで、大人も夢中で楽しめるだろう。左隣の3号館にはちりめん細工の常設展もあり、見逃せないポイントだ。4号館1階には大小様々なこけしや張り子など日本の郷土玩具、2階は世界各地の民族玩具が常設展示され、その量の多さにただただ圧倒される。6号館では季節ごとに特別展を開催している。5号館「らんぷの家」は囲炉裏のある日本家屋で、縁側からは四季折々の植物を楽しめる。

・日本玩具博物館

兵庫県姫路市香寺町中仁野671－3　079－232－4388
600円
https://japan-toy-museum.org
写真提供：日本玩具博物館

古民家のたたずまいでハワイ移民の歴史を知る

日本ハワイ移民資料館

Point

- ハワイに移民した日系人の歴史を知る
- 移民たちの苦労に思いをめぐらす
- 周防大島に息づくハワイとの友好の絆を実感する

ハワイ移民の多かった周防大島にオープン

「ハワイといえば青い空と青い海！」としか思い浮かばない人が、大部分ではないだろうか。忘れてはいけないのはハワイには数多くの日系人がいることだ。なぜ多いかといえば、明治時代に国策の一環で、多くの日本人が3年間の契約労働に希望を持ってハワイに渡ったためである。

1

日本・ハワイ両国間の合意によるハワイへの移民は、「官約移民」と呼ばれ、第1回目の1885年1月には944人が渡航した。当時、農村は全国的に凶作であったため、日本各地から多くの応募があった。出身県別にみると、山口県と広島県出身者だけで64パーセントを占めたそうだ。特に周防大島からは10年間で約3900人がハワイに渡航した。後に周防大島は「ハワイ移民の島」とさえいわれるようになった。山口県が多かった理由は、官約移民を実現させた初代外務大臣・井上馨の存在が大きかったといわれている。

さて、そんな周防大島にある資料館は、

1・2. 官約移民の歴史コーナーには、当時就航していた東洋汽船の客船「天洋丸」の資料なども展示されている。

1999年2月8日に、日本で初めて公設のハワイ移民資料館としてオープンした（2月8日は、第1回官約移民船がハワイに到着した日にちなんでのことである）。移民として渡ったサンフランシスコで、貿易事業を成功させて帰国した事業家・福元長右衛門氏が建てた木造の自宅を、遺族から寄贈を受けた町が改修し、活用している。そのせいか、古民家のたたずまいを感じさせる外観ながら、和洋折衷の洒落た造りだ。

　館内にある「移民たちの労働と生活コーナー」では、移民たちの現地での労働や生活の様子を、写真や道具などから知ることができる。ハワイから持ち帰っ

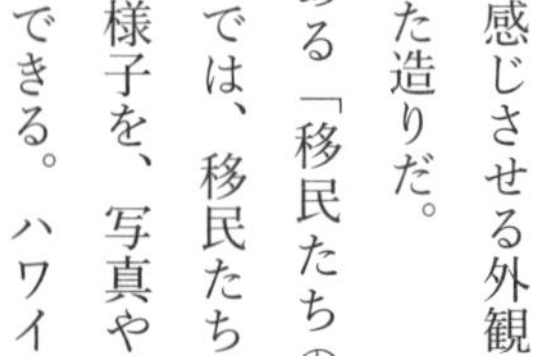

3. 実際に使われた農機具や調理器具から、移民たちの暮らしと苦労が垣間見られる。
4. 古民家のたたずまいを感じさせる外観。

5. 海外からの品々のコーナーには帰国者が大型トランクなどに詰めて持ち帰った品々が展示されている。
6. ハワイとの交流記念コーナー。

た家財道具の品々も展示している。

「官約移民歴史コーナー」では、ハワイ王国カラカウア王が日本を訪問した時の様子を伝える写真を展示している。さらにシアタールームでは、当時の様子とともに、現在も続く交流の様子も映像で垣間見ることができる。マカデミアンナッツチョコなどハワイ関連のグッズが販売されているのも面白い。

なお、資料館の位置する旧屋代村は、周防大島町の中でも数多くの渡航者を送り出している地区で、資料館同様の木造で和洋折衷様式の住宅がいくつか残っている。住民の迷惑にならないよう、探してみよう。

・**日本ハワイ移民資料館**

山口県大島郡周防大島町大字西屋代2144　0820－74－4082
¥ 400円
https://suooshima-hawaii-imin.com
写真提供：日本ハワイ移民資料館

徳島県
鳴門市

大塚国際美術館

本物以上の感動を与えてくれる圧巻の陶板複製画

Point

・世界中の本物と同じサイズで名画が鑑賞できる
・陶板複製画ゆえに実現できた奇跡の展示
・陶板複製画の可能性を追求する

大塚グループが設立した日本最大級の常設展示空間

大塚国際美術館の特色は、本物がないことだ。厳選された古代壁画から世界26カ国190余の美術館が所蔵する現代絵画までの西洋名画1000余点を、陶板技術により見事なまでに忠実に再現し、世界中の名画鑑賞を疑似体験できる場となっている。再現とはいえ、ここまで弾け飛んでいると、もはやすごいとしかいい

1. カフェ フィンセントでは「アルルのゴッホの部屋」を立体再現。

いようがない。入館料は少々高いが、きっと満足できるはずだ。
同館は、大塚グループが創立75周年記念事業として、発祥の地・徳島県鳴門市に設立された。約3万平方メートルの広さを誇る常設展示スペースは日本最大級だ。
筆者が初めて陶板複製画に出会ったのは、文化庁で国宝の「キトラ古墳壁画」を担当していた2009年だった。貴重な壁画を発見当時の姿のまま未来に伝えるため、原寸大の複製制作を大塚グループの大塚オーミ陶業にお願いしたのである。1300年前の壁画の劣化は激しく、保存を最優先して古墳の石室からは取り

2. エル・グレコの大祭壇衝立画はナポレオン戦争で散逸されたものを復元。

外された。そのため壁画を剥ぎ取る前の石室内の姿は、現在ではこの複製陶板でしか知り得ることができない。出来上がったものを見て、筆者は発見当時の湿度100パーセントの濡れ色、細部にわたる質感を再現した高度な職人技に驚愕した（現在は、「キトラ古墳壁画体験館四神の館」（奈良県・明日香村）で展示中）。

さて、大塚国際美術館の展示は、ただの複製画ではないのだ。修復前と後のレオナルド・ダ・ヴィンチ『最後の晩餐』や、戦禍で失われたものを含むゴッホの『ヒマワリ』の大集合、戦災などで各地に散逸したエル・グレコの大祭壇衝立の復元など、現存しない、または現実にはあり

3. システィーナ・ホールは様々な会議やコンサート会場などとして使われている。
4. モネの「大睡蓮」は「自然光のもとで見てほしい」というモネの願いをかなえるべく、屋外に展示。
5. 正面玄関から約40メートルのエスカレーターを上がると、最初のフロアが始まる。

得ない展示を陶板複製によって実現しているのである。

さらに、板を組み合わせることで大型化にも対応できることから、ミケランジェロの『最後の審判』も、システィーナ礼拝堂空間を再現し、「システィーナ・ホール」として活用できるのには恐れ入った。筆者もこのホールで行われたシンポジウムでスピーチしたことがあるが、実に気持ちよかった。ここでコンサートやイベントなどが行われるのも納得だ。とても1日ではまわり切れないので何回かに分けて訪れるといいだろう。そして、この機会にぜひ世界遺産登録を目指している鳴門のうず潮も見学したい。

・大塚国際美術館

徳島県鳴門市鳴門町土佐泊浦字福池65－1　088－687－3737
3300円
https://www.o-museum.or.jp
写真提供：大塚国際美術館

大分県
日田市

名物館長に会うだけで十分に気持ちよく酔えてしまう
天領日田洋酒博物館

Point
・蒐集の鬼、館長との出会いも楽しみの一つ
・個人のウィスキー・コレクションを味わう
・館内にあるバーで少し気取ってグラスを傾ける

ウイスキーコレクション
「マッサン」の資料も充実。

〝蒐集の鬼〟ともいえる個人博物館は全国各地にたくさんあるが、その中の一つ、天領日田洋酒博物館（ウィスキー博物館）をあえて紹介したい。オーナーであり、館長の高嶋甲子郎氏が約40年の月日をかけてコレクションした洋酒やそのノベルティグッズなど、3万点以上が所狭しと展示されている。

1.ジョニーウォーカーのキャラクター『ストライディングマン』には「力強く歩み続ける」という意味が込められている。

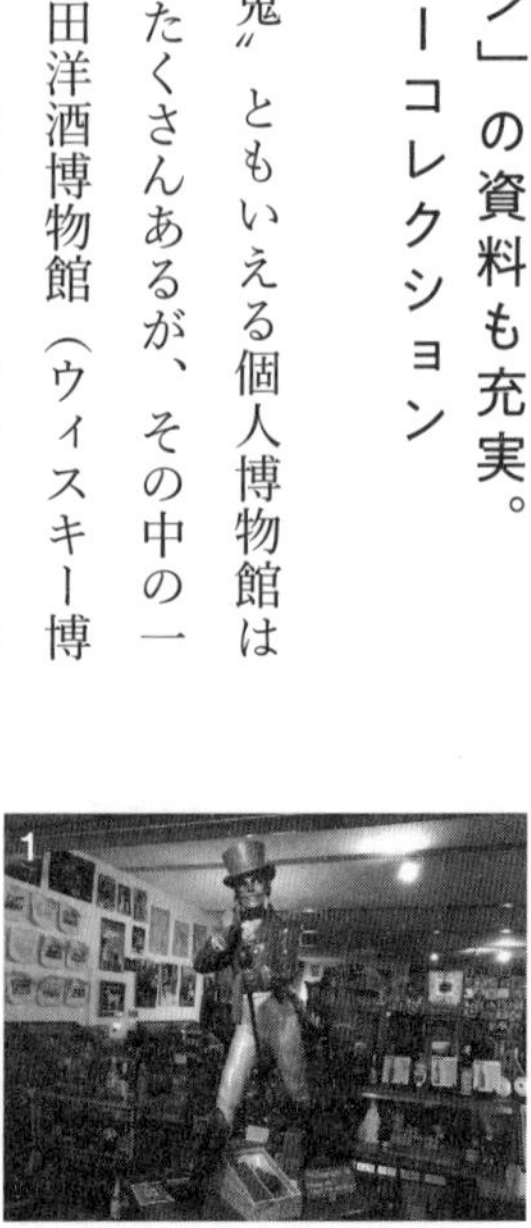

館内でひときわ目をひくのは、中央にデンと設置されているポットスチル（単式蒸留器）だ。ニッカウヰスキー創業者で、日本のウイスキーの父と呼ばれる竹鶴政孝氏が設計・製造した創業当時のものである。かつて日田にはニッカウヰスキーの工場があった。その工場が日田から撤退する際、高嶋館長は自ら足繁く通い、説得を繰り返して特別に譲り受けたそうだ。その竹鶴政孝氏が主人公のモデルになったＮＨＫ連続テレビ小説「マッサン」のコーナーもあり、ニッカウヰスキーから特別に寄贈いただいたという「竹鶴ノート」も展示されている。これは１９２０年、竹鶴氏がスコットランド

2. 館内には洋酒コレクションが所狭しと並んでいる。
3. ニッカウヰスキー日田工場にあったポットスチル。

で勉強した時の実習ノートを忠実に再現した複製である。とはいえ、マッサン関連の資料が全部通して見ることができるのはここしかないそうで、番組放送時の高嶋館長の興奮ぶりが偲ばれる。

　館内にあるバー「kt,s Museum Bar」には、樹齢100年、全長12メートルの日田杉を使ったカウンターがある。そこで、ソフトドリンクをいただくことができる。夜間は本格的にバーテンダーの修行もしたという高嶋館長からハイボールやカクテルをいただこう。

　ライブステージもあり、時にはライブを鑑賞しながらグラスを傾けることもできるそうだ。館内では写真撮影も自由、

4.Kt,s Museum Barは20時30分から24時30分までオープン。
5.何となく昭和の香りが漂う外観。
6.プレスリーは首に、マリリン・モンローは下部にキャップがある。

7. オーナーでもある高嶋館長が自ら説明してくれる。まさに洋酒にかけた人生だ。

しかも、館長自らが案内してくれる。

ショップでは、館長自らが世界中で蒐集したコレクションのうち複数あるものをお裾分けで販売している。値段も交渉次第で、多少〝勉強〟してもらえる。この博物館で一番ユニークかつ貴重なのは、失礼ながら館長そのものかもしれない。

ちなみに、日田市は江戸時代天領で、今でも昔ながらの街並みが残っている。日中は観光を楽しみ、夜はバーに訪れてみるのもよさそうだ。

・天領日田洋酒博物館

大分県日田市本庄町3－4　0973－28－5266
800円（ソフトドリンク付き）
ktsmuseum.blog.fc2.com
写真提供：高嶋甲子郎（1・3・5・6・7）、栗原祐司（2・4）

熊本県
南阿蘇村

南阿蘇ルナ天文台

ホテル「森のアトリエ」併設の宿泊できる天文台

- 南阿蘇の大自然の中で星空に浸る。
- 3密を避けた星空体験ツアーに参加
- 南阿蘇の創作フレンチで明日の英気を養おう

Point

阿蘇くじゅう国立公園で極上の星空体験

公開天文台も博物館の一つである。南阿蘇ルナ天文台は、山の上で星は見たいけれども、一人で行くのは怖いし…という方におすすめのホテル併設の公開天文台だ。

南阿蘇ルナ天文台は、阿蘇山の作り出した巨大なカルデラの中にある。ここの天体望遠鏡は、何と重さ11トン、高さ6

1. 高さ6メートルの巨大望遠鏡を備えた天文台。

メートル、口径82センチという九州最大級の大きさを誇っている。
驚くのはこの天文台が、公共施設ではなく、個人が誕生させた施設であるということだ。少年の頃から星好きだったオーナーで天文台長の宮本孝志氏が夢を実現させた天文台なのである。そして、そんな宮本氏の思いに共感し集結した、才能と志にあふれるスタッフによって施設は営まれている。天文ファンにとっては聖地のような存在なのである。
星空体験の専門家によって、新たな星空ツアーも続々と登場している。巨大望遠鏡で楽しむ「天体観測体験」はもちろんのこと、「星見ケ原」に広がる原っぱ

2.高精細の4Kプラネタリウムを楽しむこともできる。

に寝そべって五感で星を味わう体験プログラムもある（「星見ケ原」は晴天時のみ）。また、天候に関わらず、最新の高精細4K投影システムを導入したプラネタリウムで宇宙空間を体験することができるのも嬉しい。

同館のスタッフは、あらゆる星空体験を通して社会の課題解決を行うべく、情熱と専門知識を持って集まったプロフェッショナルなのだ。新型コロナウイルスの感染防止対策のため、宿泊客どうしが接触することのない夜の星空体験ツアーを実施しているのはありがたい。

宿泊は、併設のオーベルジュ「森のアトリエ」になる。夜空を眺めながらお酒

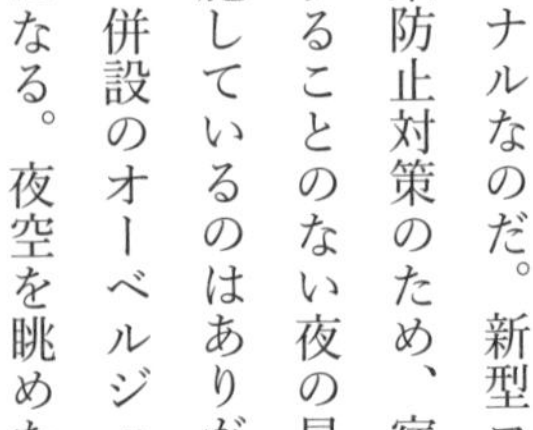

3. 星見ケ原での星空体験は記憶に残るに違いない。
4. オーベルジュ「森のアトリエ」の客室も快適。

5.2021年3月にリニューアルオープンし、大人のためのプレミアム空間として生まれ変わった。
6.天文台の外観。

を飲んだり、ボーッと過ごしたり、自由に思いっきり自分なりの星空の楽しみ方ができる。木のぬくもりのある素朴なデザインのレストランでは、南阿蘇の創作フレンチを食べて明日の英気を養いたい。南阿蘇産、熊本産にこだわったコンセプトは「量は控え目、一品一品を上質に」だそうだ。

なお、「マナスル山荘天文館」（長野県・富士見町）や「星の文化館」（福岡県・星野村）など、天体望遠鏡で星空観察ができるホテルや旅館は各地にある。近くにないか調べて天体観測を兼ねた旅行を計画してみるのはいかがだろうか。

・南阿蘇ルナ天文台

熊本県阿蘇郡南阿蘇村白川1810　0967－62－3006
約90分間のツアー料金は5000円／1名。1泊2食+星空体験ツアーは3万円～／1名
https://via.co.jp
写真提供：南阿蘇ルナ天文台

鹿児島県
南九州市

特攻を見送る側のつらさも体感し、平和の大切さを知る

知覧特攻平和会館

Point

- 平和な現代だからこそ戦争の悲惨さと平和の尊さについて考える
- 飛び立った若者たちに思いを馳せよう
- 人生について考える

人生に迷ったら知覧に行こう

鹿児島県薩摩半島の南部中央にある知覧は、第二次世界大戦末期に陸軍特攻基地が置かれた地だ。知覧特攻平和会館には、陸軍特別攻撃隊員1036柱の遺影、遺品、遺書、家族に向けた手紙、そして戦闘機などの資料が収集・保存・展示されている。飛行機もろともに敵艦に体当たりするという人類史上、類を見ない戦

1.特攻銅像「とこしえに」。特攻隊員の出撃時の姿。右手は永遠の平和を、左手は固い決意が秘められている。見つめる先は開聞岳、沖縄だ。

2.2019年にリニューアルオープンした戦史資料展示室。

い方で若くしてこの世を去った彼らに想いを馳せ、戦争の悲惨さと平和の尊さについて深く考えたい。

陸軍特別攻撃隊員、すなわち特攻については、今さら説明の必要はないだろう。映画『ホタル』や『俺は、君のためにこそ死ににいく』、『月光の夏』などを観て涙した人も多いはずだ。知覧が重要なのは、ただ特攻基地が置かれていたからだけではなく、飛び立っていく特攻兵を見送る場でもあったことだ。

なぜ彼らは死ななければならなかったのか。家族や恋人を思い、旅立っていった彼らは〝犬死〟だったのだろうか。特攻イコール愛国主義といった偏った考え

3

方は、知覧特攻平和記念館を見学すれば、なくなるに違いない。

館内には、出撃戦死した月日の順に遺影が掲示され、家族や知人に残した遺書や手紙、辞世、絶筆などが展示されている。一点一点見ていると涙なしにはいられない。国内に1機しか現存していない四式戦闘機「疾風」なども興味深い。

展示や特攻隊員にまつわるエピソードについて詳しく知りたい場合は、地元知覧町出身の語り部による解説を聞くことができる。なお、貴重な遺影や遺品を展示しているため、館内は基本的に撮影・録音は禁止となっているが、ロビーと零戦展示室だけは撮影可能だ。全国から子

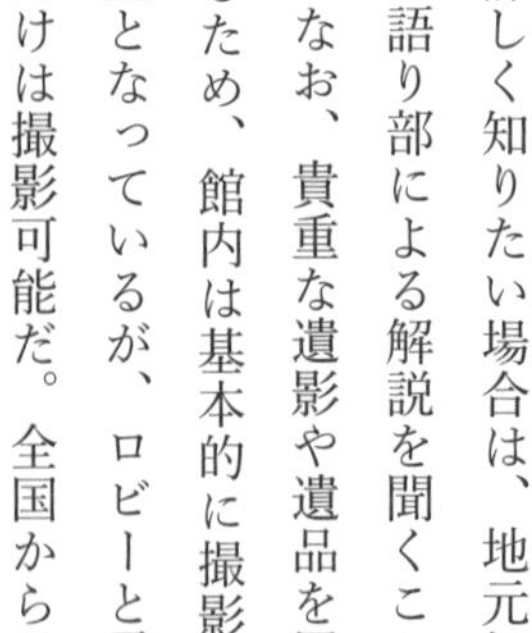

4

3. 特攻で散った1036柱の遺影を展示。
4. 知覧特攻平和会館へ通じる参道には桜並木が続く。

5. 知覧町（当時）が1980年に引き揚げた海軍零式艦上戦闘機。
6. 特攻隊員たちが出撃するまで起居していた三角兵舎を杉林に復元。

6

5

どもたちが平和学習にやってくる場所でもあるので、大人としてしっかりマナーを守ろう。

会館の周囲には知覧飛行場の遺構が数多く残っている。陸軍の指定食堂だった富屋食堂を忠実に再現した資料館「ホタル館 富屋食堂」では、「特攻の母」として慕われた鳥濱トメ氏の生涯と特攻隊員とのふれあいの資料を展示している。隣接する富屋旅館は、戦後の1952年、遺族を泊めるために作られたもので、今でも宿泊することができる。時間があれば、薩摩の小京都と呼ばれる知覧武家屋敷群の美しい街並みも楽しみたい。

・知覧特攻平和会館

鹿児島県南九州市知覧町郡17881　0993－83－2525
500円
https://www.chiran-tokkou.jp
写真提供：知覧特攻平和記念館

沖縄県
沖縄市

沖縄市戦後文化資料展示館ヒストリート

異彩を放つ沖縄の戦後史と文化を感じる空間

Point

- 戦後沖縄の歴史を知っておく
- 沖縄市の戦後の生活をここで想像してみる
- 多文化の共生について考える

戦後沖縄の文化が詰まったヒストリート

沖縄市戦後文化資料展示館ヒストリートは、戦後沖縄の縮図と形容される沖縄市の旧コザ地域に2005年、開設された。戦後文化を中心に展示を行う資料館は沖縄県内でも珍しい。リゾートで沖縄に来るのもいいが、太平洋戦争の悲劇や、戦後から本土復帰までの沖縄を見つめ直すことも日本人としては大事なことだ。

1. 戦後、沖縄で使用された生活道具。米軍の物資を流用したものもある。

戦争で約15万人もの犠牲者を出した沖縄は戦後、アメリカの占領下にあったのである。今なお沖縄には多くの米軍基地があることを忘れてはいけない。異文化と接触しながら個性的な文化を創出してきた沖縄の歴史を知ることは、多文化共生の観点からも重要だろう。

筆者の兄の初めての海外旅行は、沖縄であった。1972年5月に本土復帰するまで沖縄は米国施政権下にあったため、パスポートが必要だったのである。(ついでにいえば、奄美群島は1953年、小笠原諸島は1968年まで米国施政権下にあった)。通貨も1945年から1958年まで、米国ドルが使われて

いた。道路も1978年7月30日まで車が右側通行だったのである。余談だが、その当時、沖縄の唯一の公共交通機関であった路線バスは、左ハンドルで乗降ドアは右側に付いていた。そのため、結構混乱もあったようだ。最近は少なくなったが、今でも「Aサイン」が貼ってあるレストランを見かけることがある。Aサインは本土復帰前の沖縄で米軍公認の飲食店・風俗店に与えられた営業許可証。Approved（許可済）の頭文字だ。

沖縄市戦後文化資料展示館ヒストリートでは、リアルに再現された戦後の街並みのジオラマやAサインバーのコーナー、戦後の沖縄で使用された生活道具

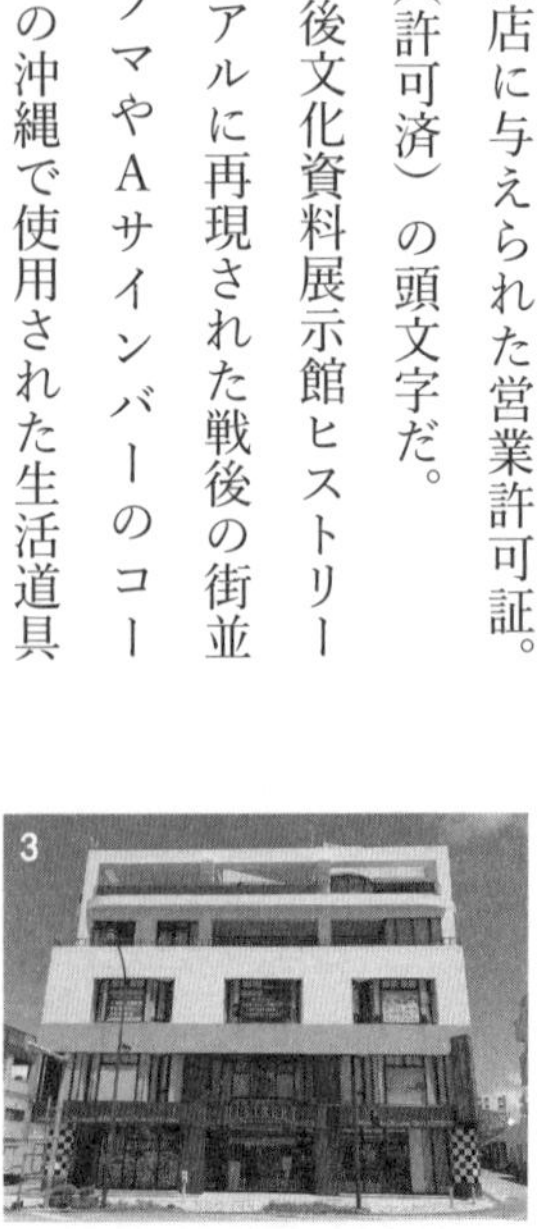

2. センター通り（現在の中央パークアベニュー）を再現したジオラマ。
3. ヒストリートはコザ文化の香り高いゲート通り沿いにある。

4・5. 米軍人向け娯楽場「特飲街」の一つ、ニューコザの看板とジュークボックス。
6. 1階の常設展示。どの資料も奥深い。

の展示コーナーなどがある。なかでも1970年に発生した「コザ暴動」（米国施政権下での圧制や人権侵害に対する不満を背景とした、米軍車両及び施設に対する焼き討ち事件）に関する資料は興味深い。

　同館は本市の戦後史と文化を広く発信していくために入場無料となっている。2階には企画展のスペースがある。すぐ近くには本土の盆踊りにあたる沖縄の伝統芸能の一つ「エイサー」を学べるエイサー会館もある。大きな映像に合わせてエイサーを疑似体験するのも楽しい。

・沖縄市戦後文化資料展示館ヒストリート

沖縄県沖縄市中央2－2－1タサトビル1階・2階　098－929－2922
無料
https://www.histreet.okinawa.jp/
写真提供：沖縄市役所総務部市史編集担当

おわりに

誠文堂新光社から本書の出版のお話を伺ったのは、新型コロナウイルスの感染拡大真っ盛りの頃だった。コロナ禍によって大型展覧会の中止・延期が相次ぐ中で、特別展に限らない博物館の楽しみ方を紹介してほしいというご提案であった。学生のみならず、いわば大人の教養本のようなものにできないかというお話を、二つ返事で引き受けた。

編集部から示されたスケジュールは、なかなか厳しいものであったが、コロナ禍で増えつつある国内旅行、特に近場を楽しもうとする需要の高まりを睨んでとのことだった。それゆえ本務を終えた後、毎晩せっせと書き進めた結果、個性がほとばしっていて面白いという思わぬ評価をいただいた。こうして2021年7月刊行と相成ったのである。

ただし、筆者が日頃考えていることのいくつかは、当然過去にも執筆している。

特に筆者は、「教育ＰＲＯ」（ＥＲＰ）で『ミュージアム列島東西南北』、「週刊ＮＹ生活」（ニューヨーク生活プレス社）で『ミュージアム・フリークのひとりごと』を10年以上にわたって連載しており、それらに掲載した原稿をベースにして書き改めたものもある。項目によって若干文体が異なるのはそのためである。

本書の執筆に際しては、第6章で紹介した各館から、写真の提供や文章の内容に関してご協力をいただいた。また、筆者の元上司である佐々木丞平・京都国立博物館名誉館長から大所高所の観点からご指導を賜り、半田昌之・日本博物館協会専務理事には、ご多忙の中、貴重なご助言をいただいた。この場をお借りして御礼申し上げたい。

誠文堂新光社の柳千絵出版副部長には、本書の出版に際し、何かとご配慮いただいた。また、編集担当のいのうえりえ氏には、草稿の誤字脱字等の修正や編集の手を煩わせた。筆者の博物館に対する熱い想いを吐露する場を設けていただき、厚く御礼を申し上げる次第である。

頑張って執筆したにも関わらず、結果的に原稿は紙面の分量を大幅にオーバーすることとなり、泣く泣く削った項目も多い。また、本書の企画に応じて執筆を構想したテーマはまだまだあるので、本書が好評裡に受け止められたら続編も考えたいと思っている。

本書が博物館関係者のみならず、博物館を利用される多くの方々にとって何らかの参考となり、その結果として日本の博物館のさらなる発展が図られれば、幸いである。

1日も早く新型コロナウイルスの感染が終息し、安心して博物館を訪れる日が来ることを祈りつつ。

令和3年7月吉日

京都国立博物館副館長　栗原祐司

〈写真協力〉※敬称略

京都国立博物館
国立アイヌ民族博物館、佐々木史郎
アイヌ民族文化財団
三沢市寺山修司記念館
横手市増田まんが美術館
群馬県立ぐんま昆虫の森
角川武蔵野ミュージアム、岡本寛治
昭和のくらし博物館
中越防災安全推進機構
福井県年縞博物館
戦没画学生慰霊美術館 無言館
ストーンミュージアム 博石館
ボーダレス・アート・ミュージアム NO-MA
河井寛次郎記念館
水平社博物館
日本玩具博物館
日本ハワイ移民資料館
大塚国際美術館
天領日田洋酒博物館（高嶋甲子郎）
南阿蘇ルナ天文台
知覧特攻平和会館
沖縄市役所総務部市史編集担当
十和田市現代美術館
北海道・岩内町郷土館
滋賀県・曳山とイ草の館
（浅小井町歴史文化研究会代表桐原正昭）
栗原祐司

栗原祐司（くりはらゆうじ）

京都国立博物館副館長

1966年東京生まれ。上智大学法学部、放送大学教養学部卒業。1989年文部省入省後、文化庁美術学芸課長、東京国立博物館総務部長、独立行政法人国立文化財機構事務局長等を経て、2016年10月より現職。日本博物館協会理事、ICOM日本委員会副委員長、國學院大學大学院及び国際基督教大学非常勤講師、日本展示学会副会長、全日本博物館学会役員、日本ミュージアム・マネージメント学会理事等。著書に『ミュージアム・フリークinアメリカ―エンジョイ！　ミュージアムの魅力』（雄山閣）、『博物館ななめ歩き』（監修、文藝春秋）、『美術館政策論』（共著、晃洋書房）、『ユネスコと博物館』（共著、雄山閣）ほか。

イラスト／芦野公平　デザイン／蔦見初枝　校正／片岡史恵　編集／いのうえりえ

学《まな》び直《なお》しに活《い》かせる新《あたら》しい鑑賞術《かんしょうじゅつ》と厳選《げんせん》20館《かん》

教養《きょうよう》として知《し》っておきたい　博物館《はくぶつかん》の世界《せかい》

2021年　7月21日　発　行　　NDC069

著　者　栗原祐司《くりはらゆうじ》

発行者　小川雄一

発行所　株式会社 誠文堂新光社

〒113-0033 東京都文京区本郷 3-3-11

［編集］電話 03-5805-7762

［販売］電話 03-5800-5780

https://www.seibundo-shinkosha.net/

印刷所　星野精版印刷 株式会社

製本所　和光堂 株式会社

ISBN978-4-416-62121-9